D'IBERVILLE

Journal
de l'expédition de D'Iberville en Acadie et à Terre-Neuve, par l'abbé Beaudouin

LETTRES DE D'IBERVILLE

AVEC UNE INTRODUCTION ET DES NOTES

PAR

L'abbé A. GOSSELIN

DOCTEUR ÈS LETTRES,
MEMBRE DE LA SOCIÉTÉ ROYALE DU CANADA
MEMBRE DE LA SOCIÉTÉ DES ANTIQUAIRES DE NORMANDIE

ÉVREUX

IMPRIMERIE DE L'EURE

1900

JOURNAL D'UNE EXPÉDITION

DE

D'IBERVILLE

Publié avec une introduction et des notes

PAR

L'abbé A. GOSSELIN

DOCTEUR ÈS LETTRES

MEMBRE DE LA SOCIÉTÉ ROYALE DU CANADA

MEMBRE DE LA SOCIÉTÉ DES ANTIQUAIRES DE NORMANDIE

ÉVREUX

IMPRIMERIE DE L'EURE

—

1900

LES NORMANDS AU CANADA

Journal d'une expédition de D'Iberville

PAR L'ABBÉ BEAUDOIN

(1696-1697)

LETTRES DE D'IBERVILLE

INTRODUCTION

I

Le manuscrit original du journal que nous publions aujourd'hui se trouve aux archives du ministère des colonies, à Paris.

Tous nos historiens, y compris Charlevoix, ont utilisé ce document précieux lorsqu'ils ont eu à raconter la célèbre expédition de D'Iberville en Acadie et à Terre-Neuve dans l'automne de 1696 et l'hiver de 1697 ; il en ont cité des extraits : mais le journal n'a jamais été publié en entier. Il mérite de l'être. Ceux qui s'intéressent à l'histoire de la Nouvelle-France seront heureux de parcourir ce récit simple et fidèle, écrit au jour le jour, d'une des plus glorieuses odyssées de notre héros canadien.

L'auteur n'avait évidemment aucune prétention littéraire. En tenant son journal, il voulait tout simplement rendre compte au

— 4 —

ministre Pontchartrain (1), auquel il le destinait, de tous les
détails de cette course aventureuse où il avait été chargé d'accompagner, comme aumônier, D'Iberville et ses braves Canadiens.

S'il avait quelque prétention, c'était plutôt de s'y entendre en
fait d'armes, d'expéditions militaires, de course, d'abordages.
Mousquetaire avant de se faire ecclésiastique, il avait conservé
dans son nouvel état quelque chose de son ancienne formation.
Dans son journal, il a l'air fier de pouvoir employer toujours le
mot technique et se rendre compte de tous les mouvements de
l'expédition dont il fait partie. A le voir si au fait de tout ce qui
se passe et de tout ce qui se prépare, on s'attend presque à
entendre échapper de ses lèvres le mot fameux : *Quorum pars
Magna fui.*

Même au point de vue du style, le journal de Beaudouin ne
manque pas de mérite : il y a de l'entrain, du piquant, de l'origi-
nalité : çà et la, à travers le récit, une observation juste, une
réflexion pleine de sens et d'à-propos.

La copie dont nous nous sommes servi a été faite spécialement
pour nous, aux archives du ministère des colonies. En la com-
parant avec celle que possède depuis longtemps la bibliothèque
du parlement fédéral canadien, et qui fut préparée à la demande
du R. P. Martin (2), nous avons constaté plusieurs variantes. Ces

---

(1) D'abord contrôleur général des finances, puis chancelier d'État. « Il était,
dit Fénelon, très prévenu des maximes du parlement et très vif sur cette
matière. » (*Histoire de Fénelon,* par de Beausset, t. III, p. 157).

(2) Le P. Félix Martin, de la Compagnie de Jésus, né à Auray, en Bretagne,
vint au Canada en 1842 et n'en partit définitivement qu'en 1862. En 1857, il
fut chargé par le gouvernement canadien d'une mission scientifique à Paris et
rapporta de son voyage, l'année suivante, une collection précieuse de documents copiés aux archives de la mère patrie.

Il publia, entre autres ouvrages, *Le P. Jean de Brébœuf, sa vie, ses travaux,
son martyre,* et les *Relations inédites de la Nouvelle-France,* à partir de 1672,
pour faire suite aux *Relations des Jésuites.* Très renseigné sur tout ce qui
concerne l'histoire du Canada ; il avait la bonne et grande manière d'écrire de
son illustre confrère de la Société de Jésus, le P. de Charlevoix : aussi l'abbé
Casgrain, mettant ces deux historiens en regard de leur confrère moderne, le
P. de Rochemonteix, qui nous a donné, les années dernières, *Les Jésuites et la
Nouvelle-France au* XVIIᵉ *siècle,* ne craint-il pas de dire en parlant de celui-ci :

« L'auteur a complètement oublié les saines traditions historiques, dont il
avait de si beaux exemples sous les yeux dans ses prédécesseurs Jésuites, les
PP. de Charlevoix et Martin, et cela pour adopter le genre pamphlétaire, bien

variantes, lorsqu'elles nous paraîtront avoir quelque importance, seront signalées en note au bas des pages.

A la suite du journal de l'abbé Beaudouin, nous donnerons, pour le compléter, deux lettres, également inédites, de D'Iberville, datées de Plaisance (1) le 24 septembre et le 26 octobre 1696. L'illustre marin vient d'exécuter la première partie du programme qui lui a été dicté par la cour, savoir : la prise et la destruction du fort Pemquid, en Acadie : avant d'entreprendre l'expédition de Terre-Neuve, qui en est la deuxième partie, il écrit au ministre pour lui dire où il en est, les obtacles qu'il a surmontés, ceux qui lui restent à vaincre.

Nous publions ce journal et ces lettres sous notre rubrique générale : *Les Normands au Canada*. En effet, il était bien d'origine normande notre héros canadien, D'Iberville, qui semble revivre dans ces pages : ils étaient bien Normands aussi, la plupart des braves Canadiens qui l'accompagnaient dans ses expéditions, le reconnaissaient pour leur chef, à l'exclusion de tout autre, et lui avaient voué un véritable culte.

Voilà un type, parmi nos anciens Normands-Canadiens, que nous n'avons pas encore mis en relief. Jean Bourdon nous a fourni le type du colon intelligent, instruit, capable de rendre n'importe quel service à un pays naissant (2); Jean Nicolet, celui du commis intègre, de l'interprète habile, du découvreur intrépide (3); M. de Saint-Sauveur (4) et Henri de Bernières (5), des modèles d'ecclésiastiques comme il en faut au berceau des paroisses chrétiennes et des institutions qui doivent durer (6). D'Iberville va nous apparaître, dans le journal de Beaudoin,

plus propre à susciter de nouveaux ennemis aux Jésuites qu'à leur attirer des sympathies. » Il ajoute : « Son ouvrage est écrit en style de pédagogue, et qui plus est, de pédagogue malingre, qui a toujours la férule à la main, frappant à droite et à gauche pour les moindres vétilles. » (*Les Sulpiciens en Acadie,* p. 145).

(1) Ville et port de Terre-Neuve, sur la baie du même nom. Cette ville fut fondée par les Français en 1626.

(2) Voir *Revue catholique de Normandie*, t. II, p. 241.

(3) *Ibid.*, p. 641.

(4) *Ibid.*, t. III, p. 601.

(5) *Ibid.*, t. IV, p. 117.

(6) Henri de Bernières fut l'un des fondateurs et le premier supérieur du Séminaire de Québec.

comme le type du corsaire (1), du marin intrépide, du guerrier infatigable, tels qu'ils se formaient autrefois au Canada, de manière à étonner les Français eux-mêmes par leurs marches incroyables et leur audace à toute épreuve.

Jetons un coup d'œil rapide sur sa carrière. Mais avant tout, faisons connaître le brave Normand dont il descendait : la gloire du fils, quelque grande qu'elle soit, n'a pu éclipser complètement celle du père.

<h1 style="text-align:center">II</h1>

On raconte que l'empereur d'Autriche, François Ier, en regardant le vieux château de Habsbourg, le berceau de sa famille, avait coutume de s'écrier : « Ah! nous avons commencé bien petitement! (2) ».

Que de fois, sans doute, une exclamation du même genre a dû échapper, en présence de sa famille, au brave Charles Le Moyne, lorsqu'anobli par Louis XIV, entouré de l'estime de tous ses compatriotes canadiens, devenu l'un des plus riches propriétaires de la Nouvelle-France, il lui arrivait de songer à la petite auberge de Dieppe où il avait vu le jour!

Elle était sise au bord de la mer : et son père, Pierre Le Moyne, vieux soldat en retraite, y recevait comme clients ordinaires les marins qui s'embarquaient pour l'Amérique.

Sa mère, Judith Duchesne, avait un frère au Canada, depuis les commencements de la colonie : il s'appelait Adrien. Il était médecin et « chirurgien de l'habitation de Québec (3). »

On ne sait au juste à quelle date Adrien Duchesne avait passé au Canada. Il n'y était pas encore en 1621, car on verrait son nom figurer parmi « les principaux habitants » qui signèrent « une procuration au P. Le Baillif », l'un des Récollets de Québec, pour

<hr>

(1) Nous employons ici le mot *corsaire* dans le sens le plus favorable, tel qu'on l'entendait au xviie siècle. Voir le chapitre de *La Course* dans le magnifique ouvrage de M. l'abbé Poulin, de Saint-Malo, *Duguay-Trouin*, p. 29.

(2) *A travers le Canada,* par X. Marmier.

(3) *Relations des Jésuites.*

aller représenter à la cour les intérêts religieux et temporels de la Nouvelle-France (1).

Il y vint probablement en 1625, en même temps que les Jésuites, dont il paraît avoir toujours été l'ami et le soutien. Excellent chrétien, il les accompagnait souvent dans la visite des malades chez les Sauvages et les avertissait quand « il les jugeait en danger de mort », afin qu'ils pussent leur conférer le saint baptême (2).

Duchesne ne quitta plus le Canada, pas même durant l'occupation du pays par les Anglais de 1629 à 1632. En 1631, il fut parrain d'une enfant de Guillaume Couillard. Singulier détail : les prêtres ayant tous quitté le Canada, on avait cru devoir s'adresser, pour le baptême, à un ministre protestant (3).

En 1641, il fit venir à Québec son neveu Charles Le Moyne. Les Jésuites, qui avaient une résidence à Dieppe, le P. Le Jeune, surtout, qui était parti de là en 1632 pour la Nouvelle-France (4), connaissaient bien la famille de ce jeune homme. Ils le demandèrent à son oncle et l'engagèrent « pour aller servir en qualité d'enfant au pays des Hurons (5). » Il partit en compagnie du jeune Nicolas Giffard, engagé pour le même but. Il avait quinze ans.

Quatre ans plus tard, il revenait à Québec; et le P. Lalemant écrivait dans son *Journal*, à la date du 26 octobre 1645 : « Rescription donnée à M. Duchesne, oncle de Charles Le Moyne, de vingt escus que nous donnions à son nepveu pour le service de quatre ans rendu aux Hurons; on l'habilla et lui donna du linge honnestement. »

Ne vous semble-t-il pas le voir avec son petit bagage, ce jeune homme robuste et vigoureux, escomptant l'avenir avec son chèque de vingt écus, payable au Magasin de Québec, la banque de l'époque?

Le *Journal des Jésuites* ajoute : « Il fut envoyé aux Trois-Rivières, soldat et interprète. »

(1) *Premier Etablissement de la Foy dans la Nouvelle-France,* par Chrestien Le Clercq.

(2) *Relations des Jésuites.*

(3) *A travers les Registres,* par l'abbé Tanguay.

(4) *Relations des Jésuites.*

(5) *Journal des Jésuites.*

Charles Le Moyne commençait sa carrière.

La ville des Trois-Rivières avait à cette époque beaucoup d'importance. C'était un poste très achalandé par les Sauvages et par conséquent fort avantageux pour la traite. Un interprète y était nécessaire. L'honnête et intelligent Nicolet en avait rempli les fonctions durant plusieurs années. Le Moyne débuta dans son nouvel emploi sous d'heureux auspices, immédiatement après la conclusion du traité que M. de Montmagny, gouverneur du Canada, venait de signer (1645) aux Trois-Rivières avec les représentants des différentes nations sauvages.

Il donna tant de satisfaction au gouverneur que celui-ci l'envoya l'année suivante exercer les mêmes fonctions d'interprète à un poste beaucoup plus périlleux, Villemarie, récemment fondé (1642) par M. de Maisonneuve, et destiné à devenir la grande ville de Montréal.

Cela prouve l'intérêt que M. de Montmagny, quoiqu'on ait écrit le contraire (1), portait à cette cité naissante. Il est vrai qu'il avait essayé d'empêcher qu'on ne l'établît à l'endroit où elle fut fondée, parce qu'il savait mieux que personne combien il serait difficile de la secourir contre les attaques des Iroquois : c'est dans ce but qu'il avait voulu retenir M. de Maisonneuve à Québec et lui persuader d'établir, au moins temporairement, sa colonie à l'île d'Orléans. Comme bien d'autres, ce n'est pas à l'endroit où s'étend aujourd'hui Montréal qu'il avait rêvé d'établir une nouvelle colonie au delà des Trois-Rivières, mais bien à l'extrémité est de l'île de Montréal, à cet endroit où la rivière des Prairies et celle qui coule au nord de l'île Jésus viennent s'unir au Saint-Laurent : sur ces rivages magnifiques, baignés de tous côtés par les eaux, Montréal serait devenu la Venise de la Nouvelle-France (2).

(1) Faillon, *Histoire de la colonie française en Canada.*

(2) Voici ce qu'écrivait, vingt ans après M. de Montmagny, un voyageur remontant le fleuve de Québec à Montréal, après avoir passé le lac Saint-Pierre et les « îles de Richelieu » :

« Nous nous avancions toujours, dit-il, du côté de Montréal... Nous montâmes jusques à la rivière des Prairies, qui vient du côté du nord et se jette dans le fleuve Saint-Laurent.

« Ce lieu-là surpasse tous les autres en beauté : car les îles qui se rencontrent dans l'embouchure de ces deux fleuves sont autant de grandes et de belles prairies, ou autant de jardins faits à plaisir, tant pour les fruits qui s'y

Une fois la colonie de M. de Maisonneuve (1) fixée au lieu où elle devait être suivant les vues de M. Olier, de M. de la Dauversière, de Mlle Mance, M. de Montmagny ne cessa de lui porter le plus vif intérêt et de la secourir dans la mesure de ses forces. En 1646, il lui envoya comme soldat et interprète Charles Le Moyne, qui venait de faire ses preuves aux Trois-Rivières :

« Sa venue, écrit M. Dollier, nous fut avantageuse, non-seulement pour le secours que l'on a tiré de sa langue, mais encore pour les bonnes actions qu'il a faites contre les ennemis, auxquels il a plusieurs fois si bien montré son courage, qu'il a mérité ses lettres de noblesse par les services qu'il a rendus contre eux (2). »

Les Iroquois n'avaient pas tardé, en effet, de secouer le joug du traité des Trois-Rivières :

« Incessamment nous les avons sur les bras, ajoute M. Dollier : il n'y a pas de mois où notre livre des morts ne soit marqué en lettre rouge par la main des Iroquois. »

Le Moyne fut, à cette époque, le soutien et le salut de la colonie naissante de Montréal. En fait de courage et d'intrépidité, il n'avait d'émule que son beau-frère Jacques Le Ber (3), et Lambert Closse, cet homme « tout de cœur et généreux comme un lion (4). » Au premier appel de M. de Maisonneuve, gouverneur de Montréal, il réunissait quelques colons, prenait les armes, courait aux Iroquois, les faisait prisonniers ou les éloignait des habitations françaises.

rencontrent que pour la forme et l'artifice dont la nature les a préparées, avec tous les agréments que les peintres peuvent représenter dans leurs paysages. Les oiseaux et les bêtes sauvages y sont sans nombre, la pêche admirable. C'était un abord général de toutes les nations de ce pays avant que les Iroquois eussent infesté ces contrées ; et par conséquent ce sera un jour un pays très propre pour être la situation d'une grande et grosse ville.

« De là, nous montâmes à Montréal, le lieu le plus exposé aux Iroquois... » *(Relations des Jésuites,* 1663, p. 28).

(1) Voici l'éloge que faisait de cette colonie naissante le voyageur que nous venons de citer :

« Les habitants sont des plus aguerris... Ils sont si charitables que, quand quelqu'un est pris par les Iroquois, ils cultivent ses champs pour faire subsister sa famille. » *(Ibid.).*

(2) Dollier de Casson, *Histoire du Montréal.*

(3) Encore un Normand, de l'évêché de Rouen. Il épousa en 1658 Jeanne, sœur de Charles Le Moyne.

(4) *Histoire du Montréal.*

Un jour, il apprend que des travailleurs sont attaqués à la Pointe Saint-Charles. Il s'y rend avec quatre hommes, se blottit derrière des troncs d'arbres et, avant d'être aperçu, met vingt-cinq ou trente Iroquois hors de combat.

Une autre fois, avec quinze habitants du fort, armés de fusils et de pistolets, il va se présenter en face de trois cents Sauvages qui se précipitent sur la colonie et il leur tue trente-deux hommes à la première décharge : tout le reste s'enfuit épouvanté.

Il était la terreur des Iroquois : et cependant ces Sauvages l'aimaient, parce qu'il était bon et humain pour leurs prisonniers. Un jour, en 1665, il est fait prisonnier lui-même, aux environs de Montréal, et emmené dans leur pays. Toute la colonie est dans le deuil. Au bout de quelques semaines, Le Moyne revient de chez les Iroquois : il a réussi à obtenir sa délivrance en leur rappelant les bons procédés dont il a toujours usé à l'égard de leurs prisonniers, et aussi en les menaçant de la vengeance des troupes royales qui vont bientôt arriver au Canada (1).

Aux deux expéditions de M. de Courcelles contre les Iroquois, comme à celle de M. de Tracy, c'est lui qui commande le bataillon fourni par la colonie de Montréal : et avec quel entrain et quel courage !

Il accompagne Frontenac dans son voyage au lac Ontario en 1673 et lui sert d'interprète auprès des Iroquois « pour leur proposer ce qui est nécessaire au maintien de la paix. »

Dix ans plus tard, il fait partie de l'expédition de M. de la Barre contre ces Sauvages; puis, après être rentré à Montréal, il consent, à la demande du gouverneur, à retourner seul au lac Ontario pour les engager à rester en paix avec les Français.

S'il eût vécu en 1689, qui sait si, par sa douce influence, par l'autorité de son nom, par ses sages conseils, il n'aurait pas réussi à empêcher les malheureux événements qui provoquèrent le massacre de Lachine (2)?

Mais il était mort en 1685... De 1646 jusqu'à cette date, que de

---

(1) Le régiment de Carignan-Salières arriva à Québec dans l'automne de 1665; et l'année suivante eut lieu l'expédition du marquis de Tracy au pays des Agniers.

(2) Un chroniqueur français, qui exagère peut-être un peu l'analogie, appelle ce massacre « une inconsciente reproduction par les Sauvages des Vêpres Siciliennes. » *(Le Correspondant,* 1888, t. II, p. 1131).

services rendus à la colonie ! Les seigneurs de Montréal apprécient son mérite et lui accordent quelques concessions de terrains dans la ville et les environs : la Pointe Saint-Charles, par exemple, est ainsi appelée du prénom de Le Moyne, et perpétuera à jamais son souvenir.

Le roi lui-même reconnaît les immenses services rendus à la Nouvelle-France par Charles Le Moyne : à la demande de l'intendant Talon, il lui accorde en 1668 des lettres de noblesse ; et, dans ces lettres, il déclare expressément qu'il veut récompenser « les belles actions qu'il a faites dans le pays du Canada. »

Talon, rempli d'estime pour Le Moyne, lui concède, en 1672, la seigneurie de Longueuil ; Frontenac lui donne celle de Châteauguay, « pour l'affection, dit-il, qu'il a toujours témoignée pour le service du roi et la promptitude avec laquelle il a toujours exécuté les ordres qui lui ont été donnés par les gouverneurs, soit dans les guerres où il s'est signalé en plusieurs occasions, soit en diverses négociations et traités de paix qu'il a faits par leurs commandements... »

M. de la Barre, pour le récompenser des services rendus à la colonie, voudrait qu'il fût nommé gouverneur de Montréal. Il écrit à la cour peu de temps après la conclusion de la paix avec les Iroquois en 1684 :

« M. Le Moyne a rendu de grands services au pays ; mais celui qu'il vient de rendre, au mois de juillet dernier, en négociant la paix avec les Iroquois, est si considérable, qu'il est à propos, pour l'encourager à l'avenir, où il nous peut encore mieux servir, que vous lui accordiez cette gratification. Il est capitaine pour la ville de Montréal et a plus fait la guerre contre les Iroquois qu'aucun autre officier qui soit en Canada... »

Dans les moments de répit que lui laissent ses devoirs comme soldat, Charles Le Moyne défriche et cultive lui-même les terres qui lui ont été concédées. De tous les seigneurs du pays, il est un de ceux qui s'appliquent avec plus de soin à peupler leurs seigneuries : au recensement de 1681, celle de Longueuil compte déjà cent soixante-six arpents en culture, et une dizaine de familles, donnant une population de soixante-dix-huit âmes : cette année-là même, Mgr de Laval fait une visite pastorale à Longueuil ; et depuis longtemps déjà les missionnaires du séminaire de Québec exercent leur saint ministère « chez M. Le Moyne, en une chambre de la maison de Longueuil (1). »

Marguillier de la paroisse de Montréal, citoyen plein de foi et assidu à ses devoirs de chrétien, Le Moyne ne se met jamais à la traverse des autorités religieuses. Sur la question de la traite de l'eau-de-vie, par exemple, il est parfaitement d'accord avec Mgr de Laval, les Jésuites, les Sulpiciens, tout le clergé de la colonie : son opinion là-dessus est d'autant plus précieuse qu'il est lui-même marchand et possède trois magasins importants : un à Montréal, un autre au bout de l'île, un troisième à Châteauguay. Or, voici ce qu'il dit au sujet de la passion des Sauvages pour les boissons enivrantes :

« L'expérience que j'ai eue parmi les Sauvages m'a convaincu que la plupart d'entre eux ne boivent que pour s'enivrer, pour avoir ensuite plus de liberté à commettre tous les crimes et désordres que les lois divines et humaines défendent. J'ai été moi-même avec mes domestiques obligé d'arracher des mains de quelques Sauvages, hommes et femmes ivres, les haches et les couteaux qu'ils tenaient pour s'entretuer, dans le dessein ensuite d'embraser et de réduire en cendres leurs cabanes, sans considérer qu'il y avait plusieurs autres Sauvages, femmes et enfants. »

Le Moyne transmit à sa famille ses idées bien arrêtées contre le commerce de l'eau-de-vie. Dans une lettre de Mgr de Laval à M. Dollier au sujet du jeune Sainte-Hélène (2), le prélat loue « la grande fidélité qu'il a toujours eue de ne jamais abuser de la traite des boissons aux Sauvages et d'en user toujours, au contraire, avec crainte de Dieu (3). »

Dieu bénit le désintéressement, la droiture, l'esprit religieux de ce bon citoyen : il lui fit trouver dans un honnête mariage les joies les plus pures de la vie domestique. Charles Le Moyne épousa en 1654 une jeune personne originaire du diocèse de Rouen, Catherine Tierry, fille adoptive d'Antoine Primot et de Martine Messier, établis à Montréal. Cette femme chrétienne lui donna un grand nombre d'enfants qui firent tous honneur à leur famille et à leur patrie.

---

(1) *Histoire de Longueuil,* par MM. Jodoin et Vincent.
(2) Sainte-Hélène était le second fils de Charles Le Moyne.
(3) *Histoire des grandes familles françaises du Canada,* par l'abbé Daniel.

On est profondément touché en voyant le soin avec lequel ce brave Normand ajoutait au nom de ses fils celui de quelque localité de sa chère Normandie : Longueuil, Châteauguay, Iberville, Bienville, Maricourt, Sérigny, Marigny, Assigny (1). Sa femme était normande; ses enfants, ses seigneuries portaient des noms normands : il s'était ainsi créé au Canada une petite Normandie qui lui rappelait celle qu'il avait quittée dans son bas âge.

L'aîné de ses enfants hérita de son nom et de la seigneurie de Longueuil : cette seigneurie fut érigée plus tard (1700) en baronie héréditaire. Trois autres fils de Charles Le Moyne moururent glorieusement au service de leur pays; d'autres devinrent gouverneurs de villes ou de provinces de la Nouvelle-France.

De tous ses enfants, cependant, le plus illustre est sans contredit D'Iberville, dont le journal de Beaudoin raconte une des mémorables expéditions.

III

D'Iberville! quel nom glorieux dans les annales de la Nouvelle-France! Ce héros était vraiment de la race des Forbin, des Duguay-Trouin, des Jean Bart, des Tourville; et s'il n'a pas laissé dans l'histoire une trace aussi lumineuse que celle qu'ont laissée ces illustres contemporains, c'est que ses exploits n'ont pas eu l'Europe pour théâtre.

Il naquit à Montréal le 16 juillet 1661, et passa ses années d'enfance soit dans la maison de son père, sur la rue Saint-Joseph, soit dans celle de son oncle Le Ber que les enfants de Le Moyne paraissaient regarder comme un second père. M. de Denonville, écrivant un jour au ministre au sujet de cette famille :

« Ils sont huit frères, disait-il, enfants de feu Le Moyne, tous les mieux élevés de Canada avec les enfants de Le Ber, leur oncle, qui a toujours gouverné les deux familles (2). »

« On peut voir, dit l'abbé Desmazures, près de la sacristie de Notre-Dame quelque corps de bâtiment de la maison des Le Moyne; et dans le jardin du séminaire, il restait encore, il y a

(1) Faillon, *Histoire de la colonie française.*
(2) *Documents de la Nouvelle-France,* t. I, p. 405.

quelques années (1), des arbres très anciens qui avaient pu ombrager les premiers jeux de D'Iberville.

« Le futur héros était grand pour son âge, d'une figure ovale et agréable, teint clair, très blond, avec des cheveux abondants, digne fils du seigneur de Longueuil que les Sauvages avaient nommé l'*Alouette* à cause de son teint et de ses cheveux blonds. Son maintien était noble mais tempéré par beaucoup de modestie et de douceur.

« Il montrait dès sa jeunesse tous les signes de ce caractère obligeant et généreux qui le fit tant aimer de ses soldats, qui l'auraient suivi jusqu'au bout du monde, disaient-ils. Enfin, il avait ce cœur tendre, plein de pitié pour le malheur, qui le fit remarquer et adorer des nations sauvages. »

Il y a dans l'*Agricola* de Tacite deux lignes qui me paraissent s'appliquer admirablement à D'Iberville, tel que nous le dépeint la tradition : « *Decentior quàm sublimior fuit; nihil metûs in vultu; gratia oris supererat; bonum virum facilè crederes, magnum libenter.* »

D'Iberville reçut son éducation à l'école de paroisse de M. Souart (2), organisée sur le modèle des maîtrises de France :

---

(1) L'abbé Desmazures publia son *D'Iberville* en 1890.

(2) M. Souart fut le premier curé de Montréal nommé par Mgr de Laval. M. Dollier nous apprend à son sujet qu'il avait « la connaissance de la médecine, outre son caractère sacerdotal, » et qu'il avait même obtenu du pape la permission de la pratiquer. « La charité, sans lui donner loisir de réfléchir, ajoute-t-il, le porte tous les jours chez les malades, quand il en est requis, selon que Sa Sainteté a trouvé bon de le lui permettre. » *(Histoire du Montréal,* p. 126).

La Sœur Juchereau nous donne aussi quelques détails intéressants sur M. Souart et sur sa vocation socerdotale :

« On ne sera pas fâché d'apprendre, dit-elle, quelle fut l'occasion de sa conversion. C'était dans sa jeunesse un homme du monde, qui ne songeait qu'à passer son temps agréablement et à s'enrichir. Il fiança une riche demoiselle; le contrat était passé et il était à la veille de l'épouser, lorsqu'un jour de l'Assomption, le prédicateur de la paroisse de Saint-Sulpice, à Paris, étant tombé subitement malade à l'heure du sermon, le sacristain, fâché que l'auditoire déjà nombreux fût privé de la parole de Dieu dans une si belle fête, s'avisa de faire un tour dans l'église pour voir si, dans un grand nombre de prêtres et de religieux qui y étaient, il n'en trouverait point qui voulût prêcher.

« Le sacristain aperçut M. Mester, qui était un prêtre particulier qui faisait beaucoup de bien dans Paris et qui ne refusait jamais de faire une bonne œuvre. Il le pria de venir dans la sacristie prendre un surplis et de dire ce qui

il n'y avait pas encore de collège à Montréal (1). Les lettres

lui serait inspiré. M. Mester le suivit simplement, monta en chaire, fit un exorde sur les grandeurs et les triomphes de la très sainte Vierge, et ensuite parla sur la nécessité d'examiner sa vocation, et fit voir la difficulté qu'il y avait de se sauver dans un état où Dieu ne nous appelait pas.

« Ce saint homme était plein de l'esprit de Dieu et ne prêchait jamais sans fruit. Son discours fit impression sur M. Souart qui était un des auditeurs : il fit réflexion qu'il allait se marier sans avoir consulté Dieu sur sa vocation. Plusieurs pensées lui roulèrent dans l'esprit, qui l'agitèrent extrêmement; et enfin, pour n'avoir rien à se reprocher, il résolut de faire une retraite à Saint-Sulpice, pendant laquelle il demanda instamment les lumières du Saint-Esprit pour connaître la volonté de Dieu; et il en obtint d'assez claires pour ne point douter qu'il ne fût appelé à l'état ecclésiastique. Ainsi, il renonça au mariage et s'engagea au service de l'Église dans le séminaire même de Saint-Sulpice. Il fut envoyé en Canada où il a longtemps exercé son zèle. Il retourna après en France où il est mort très saintement. » *(Histoire de l'Hôtel-Dieu de Québec, p. 240).*

(1) Le collège de Montréal fut fondé en 1773 par le séminaire de Saint-Sulpice. « Mais longtemps avant l'existence formelle de leur collège, dit le docteur Meilleur, les messieurs de Saint-Sulpice avaient tenu une école latine dans leur propre maison, et il en était sorti nombre de bons sujets. » *(Mémorial de l'éducation du Bas-Canada, p. 163).*

Dès 1727, les citoyens de Montréal s'adressaient à M. de Beauharnais, gouverneur du Canada, pour obtenir par son entremise la fondation d'un collège dans leur ville :

« Monseigneur, tout ce qu'il y a dans l'étendue du gouvernement de Montréal, d'officiers de guerre et de justice, de bourgeois, de marchands et d'habitants, touchés très sensiblement de l'ignorance et de l'oisiveté de leurs enfants, qui donnent occasion aux désordres qui les font gémir, ont recours à vous pour vous supplier très humblement et très instamment de seconder leurs bonnes intentions, en leur procurant ce qu'il y a de plus capable de maintenir la jeunesse dans l'ordre et de lui inspirer les sentiments de soumission nécessaires pour rendre leurs enfants de bons serviteurs du roi, en même temps qu'ils les rendront bons serviteurs de Dieu.

« L'expérience convainct tous les jours que le moyen le plus efficace pour cela, c'est la fondation d'un collège où la jeunesse soit élevée depuis la plus tendre enfance jusques à un âge plus mûr, qui les mette en état de prendre le parti le plus convenable à leurs dispositions naturelles, à leur condition et à leur salut éternel.

« Il n'est pas nécessaire, monseigneur, de vous exposer plus au long les raisons qui peuvent, et nous osons même dire qui doivent vous engager à entrer dans nos vues et à employer tout le poids de votre authorité pour les faire réussir. Vous en sçavez plus par vous-même là-dessus que nous ne pourrions vous en représenter; et nous recevons tous les jours tant de marques de votre bonté, que nous ne pouvons pss douter que vous n'approuviez nos sentiments, et que vous ne soyez très porté à nous satisfaire en ce point.

de D'Iberville au ministre, ainsi que les mémoires qu'il a lais-

« Nous sommes même très persuadés que vous trouverez bon que nous vous témoignions l'inclination très juste que nous avons de confier l'éducation de nos enfants aux Révérends Pères de la Compagnie de Jésus, qui ont déjà un petit établissement en cette ville, parce que vous connaissez encore mieux que nous les talents particuliers que Dieu leur a donnés, et qui sont connus partout, et singulièrement en France, ce qui attire dans leurs collèges toute la jeunesse la plus florissante et la plus distinguée du Royaume.

« Vous applaudirez donc sans doute à notre dessein, monseigneur, et bien loin de nous donner occasion de ralentir notre zèle, nous sommes convaincus que vous l'exciterez encore davantage.

« Mais que pouvons-nous faire de nous-mêmes, monseigneur, si votre grand crédit auprès de Sa Majesté ne vient à notre secours? Les fonds que les Révérends Pères Jésuites nous demandent pour un établissement si utile nous paraissent à la vérité très modiques; mais quelque modiques qu'ils soient, vous sçavez assez combien peu nous sommes en état de les fournir par nous-mêmes.

« Nous n'ignorons pas, monseigneur, les dépenses considérables que Sa Majesté fait pour un pays qui ne lui rend presque rien; mais nous osons dire qu'Elle n'en a guères fait de plus utiles pour l'état, que celles qu'Elle pourra faire pour l'établissement que nous demandons, comme l'expérience en convainct tous les jours.

« D'ailleurs, il paraît aisé de trouver de quoy fonder le collège sans augmenter les fonds destinés pour le Canada. Il n'est pas nécessaire, monseigneur, de vous en suggérer les moyens : vos lumières vous en découvrent beaucoup plus que nous ne pourrions vous en exposer. Nous abandonnons donc tous nos intérêts entre vos mains, bien persuadés de la disposition favorable dans laquelle vous êtes à notre égard, et que nous réussirons dans notre entreprise, si vous en voulez bien faire la vôtre. C'est ce qui nous engagera à redoubler nos vœux pour votre conservation, et ce qui perpétuera notre reconnaissance jusques aux générations les plus éloignées. »

L'intendant Dupuy, qui eut sans doute connaissance de cette requête des citoyens de Montréal au gouverneur, écrivit peu de temps après au ministre :

« ... On n'aura pas manqué, monseigneur, de vous envoyer un mémoire pour l'établissement d'un collège à Montréal. Cette vue est très louable en elle-même; elle frappe au premier coup par son utilité, d'autant plus qu'il est véritable que les pensions des jeunes enfants sont fort chères à Québec. Mais comme toutes les classes ne sont point encore établies à Québec, ne vaudrait-il pas mieux les y parfaire, et rendre d'abord complet le collège de Québec, avant que d'en établir un autre à Montréal, ce qui ferait sans nécessité deux collèges imparfaits? à moins que vous n'ordonnassiez les choses de telle façon que les classes qui manquent à Québec fussent établies à Montréal : ce qui donnerait lieu à la jeunesse de voir toute la colonie, et d'y prendre des liaisons; ceux de Montréal venant à Québec y commencer leurs études, et ceux de Québec allant à Montréal pour les y finir, ou vice versa, si le contraire était expédient.

« Si vous voulez, monseigneur, nous envoyer sur cela vos ordres, ou celuy d'examiner la chose de plus près sur l'utilité ou l'incommodité, nous serons en

sés (1), sont pleins d'intérêt; le style en est vif, clair et limpide : le degré d'instruction que possédait notre héros canadien nous donne une haute idée de l'école de M. Souart et de la valeur de son enseignement.

Sa vocation militaire se dessina de bonne heure, avec un penchant spécial pour la marine. En entendant le soir, à la veillée, au foyer paternel, le récit des exploits de son père, et tant d'histoires merveilleuses d'expéditions militaires, de courses, d'abordages sanglants, dont l'écho arrivait du vieux monde à la Nouvelle-France, sa jeune âme s'embrasa d'un vif désir d'imiter ces actions héroïques.

A seize ans, il avait déjà fait plusieurs voyages dans le golfe Saint-Laurent, sur un vaisseau qui appartenait à son père, et connaissait parfaitement le fleuve. A vingt-et-un ans, il avait déjà traversé la mer plusieurs fois et profité de ses voyages en France pour compléter son éducation et se perfectionner surtout dans les sciences mathématiques et hydrographiques. M. de la Barre lui confiait, en 1683, ses dépêches à la cour et le recommandait pour le grade d'enseigne de vaisseau :

« Je vous envoie pour porter mes dépêches, écrit-il au ministre, le jeune D'Iberville, qui entend très bien la mer, sait cette rivière admirablement, a mené et ramené déjà plusieurs navires en France, vous suppliant de le faire enseigne de marine. Il pourra fort bien servir; et il est avantageux que vous ayez dans ce corps des gens qui connaissent parfaitement le pays. »

Quel témoignage flatteur pour un jeune Canadien de vingt-deux ans !

Quatre ans plus tard, M. de Denonville, écrivant lui aussi au ministre, confirmait le témoignage de son prédécesseur :

« D'Iberville est un très sage garçon, entreprenant, et qui sait ce qu'il fait (2). »

Le jeune homme ne tarda pas de se montrer digne de la confiance que l'on avait en lui. Il prit une part active, avec ses deux frères Sainte-Hélène et Maricourt, à la campagne de M. de la

état de vous en envoyer l'année prochaine l'examen, pour recevoir vos ordres définitifs... » (Lettre de M. Dupuy au ministre, Québec, 1er novembre 1727).

(1) *Documents de la Nouvelle-France*, t. II, p. 342.

(2) *Documents de la Nouvelle-France*, t. I, p. 405.

2

Barre contre les Iroquois, puis, en 1686, à la première expédition contre les Anglais à la baie d'Hudson :

« Dans cette expédition, dit l'abbé Gauthier, D'Iberville se montra un des plus braves officiers et des plus intrépides marins que la France ait eus. »

Le corps expéditionnaire se composait de soixante-dix Canadiens et de trente Français sous le commandement du chevalier de Troies, avec le P. Sylvy pour aumônier (1); et il s'agissait de gagner par terre la baie d'Hudson : aujourd'hui, la tâche semblerait héroïque; à l'époque qui nous occupe, c'était un jeu pour nos Canadiens :

« Cette petite troupe d'élite partit de Montréal vers la fin de l'hiver, gagna la baie d'Hudson par l'Outaouais et le lac Abbitibi, et atteignit heureusement les forts anglais, après une marche de deux cents lieues. Rien ne put résister à son courage. Les forts Monsipi et Rupert furent pris d'assaut; celui de Quitchitchouane n'osa faire de résistance; plusieurs navires de guerre furent capturés. C'est dans cette expédition que D'Iberville, avec deux canots d'écorce montés par neuf Canadiens, eut l'audace d'attaquer un vaisseau de douze canons sur lequel il y avait trente hommes, et le bonheur de l'enlever à l'abordage. Ces brillants exploits valurent aux Français toute la partie méridionale de la baie d'Hudson (2). »

Ne croirait-on pas lire une page d'Homère? Quel merveilleux contraste entre ce haut fait accompli par D'Iberville et la simplicité avec laquelle nous le présente la chronique!

« Un bâtiment monté par trente hommes était mouillé vis-à-vis du fort... D'Iberville prit si bien ses mesures avec ses huit Canadiens, qu'ils attaquèrent le vaisseau au point du jour; et ayant tué les matelots qui faisaient le quart, le prirent à l'abordage. Le gouverneur anglais de la baie d'Hudson se trouva avec les prisonniers... D'Iberville les envoya en France (3)... »

Il passa lui-même en France, dans l'automne de 1687, « pour

(1) Le P. Sylvy écrivit une relation de l'expédition : Mgr de Saint-Vallier en donne un extrait dans son livre *Estat présent de l'Église du Canada* : « Ces deux généreux frères, Saint-Hélène et D'Iberville, dit-il, se son merveilleusement signalés. »

(2) Gauthier, *Histoire du Canada*.

(3) *Histoire de Longueuil.*

aller rendre compte à Sa Majesté des affaires de la baie du Nord (1) » : ce qui prouve que, bien qu'il n'eût pas eu le commandement en chef de l'expédition, il en avait été l'âme et l'acteur principal (2).

La baie d'Hudson, témoin de ses premiers exploits, avait pour lui des attraits indicibles. Il y retourne tout joyeux en 1688, chargé par M. de Denonville de « commander dans les postes français et de veiller aux intérêts de la compagnie du Nord (3). » Il part, cette fois, avec son jeune frère Maricourt, « dans le dessein d'y rester (4). »

A peine est-il installé au fort Sainte-Anne qu'il apprend que les Anglais, contrairement à ce qui a été convenu entre Louis XIV et Jacques II, prétendent être maîtres de toute la baie d'Hudson ; et bientôt, en effet, il voit s'avancer deux navires anglais, l'un de vingt-deux, l'autre de quatorze canons, qui viennent se mettre en vue du fort avec des airs menaçants.

D'Iberville, qui n'a que quatorze hommes de garnison, n'attend pas qu'on l'attaque ou qu'on le somme de se rendre : c'est lui qui prend les devants. Avec une audace incroyable, il fait dire au commandant anglais de lui remettre ses navires s'il ne veut pas qu'ils soient foudroyés par ses canons. *Audaces fortuna juvat* : ces vaisseaux ennemis, qui ont en tout quatre-vingt-trois hommes d'équipage, baissent pavillon et se rendent à D'Iberville avec tout leur monde et leur cargaison.

Reste à la baie d'Hudson un troisième navire anglais. D'Iberville a envoyé quatre hommes pour l'observer dans les glaces. Deux d'entre eux tombent entre les mains des Anglais qui les font prisonniers et les tiennent liés à fond de cale. Bientôt cependant, ils tirent de là le moins robuste pour aider à la manœuvre :

« Un jour que la plupart des matelots sont dans le haut de la mâture, le Canadien n'en voyant que deux sur le pont, saute sur une hache, leur casse la tête et court délivrer son camarade ; puis tous les deux, se saisissant des armes, se rendent maîtres du

(1) *Jugements du Conseil Supérieur*, t. III, p. 197.

(2) Officiellement, il n'était que « lieutenant du détachement. » (*Ibid.*, p. 196).

(3) *Ibid.*, p. 234.

(4) *Ibid.*, p. 232.

navire qu'ils conduisent au port français où sa cargaison est d'un grand secours (1). »

Voilà la bravoure et l'audace que D'Iberville avait su communiquer à ses troupes.

Au printemps de 1689, il voit arriver au fort Sainte-Anne son frère Sainte-Hélène, qui lui apporte, de la part de M. de Denonville, l'ordre de retourner à Québec avec la plus considérable de ses prises. Il s'embarque aussitôt, laissant Maricourt pour commander à sa place et garder les postes français du fond de la baie d'Hudson. En arrivant à Québec, il apprend l'horrible massacre de Lachine commis par les Iroquois.

Pour venger ce massacre, que l'on suppose dû à l'instigation des Anglais, Frontenac organise, dans l'hiver de 1690, trois expéditions contre la Nouvelle-Angleterre. D'Iberville fait partie de celle que commandent son frère Sainte-Hélène et D'Aillebout de Mantet : elle se compose de deux cents Canadiens et Sauvages. Pour se rendre à la Nouvelle-York, but de l'expédition, on a des centaines de milles à franchir à travers les bois, les glaces et les neiges :

« On arrive le 8 février, dans la soirée, devant le bourg de Corlar, dont l'enceinte, en forme de carré long, est percée de deux portes, et renferme quatre-vingts maisons. Quoique avertis plusieurs fois de se tenir sur leurs gardes, les habitants dorment dans une fatale sécurité, n'ayant pas même mis de sentinelles aux portes.

« Les Français, après avoir reconnu la place, s'y glissent sans bruit, par une grosse tempête de neige, et investissent toutes les maisons. Ces hommes couverts de frimas, l'œil ardent, la vengeance au cœur, ressemblent aux terribles fantômes des poésies du Nord. C'est aussi la mort qui entre dans les rues désertes du bourg de Corlar, destiné à périr dans cette nuit fatale. Les ordres se communiquent à demi-voix, et la capote du soldat, suivant la consigne, assourdit le bruit des armes.

« A un signal donné, chacun pousse un cri sauvage et s'élance dans les maisons, dont les portes sont brisées à coups de haches. Les malheureux habitants, saisis d'effroi, ne songent guère à se défendre. Il n'y a qu'une espèce de fort, gardé par une petite

____

(1) Garneau, *Histoire du Canada*, t. I, p. 324.

garnison, qui fait une vive résistance. D'Ailleboût fait passer au fil de l'épée tous ceux qui l'occupent. La ville est ensuite livrée aux flammes... (1). »

Au retour de l'expédition, D'Iberville reçoit de Frontenac l'ordre d'aller déloger les Anglais de la baie d'Hudson. Il est nommé commandant général de tous les postes que les Français y possèdent : sa commission est du 22 juin 1690 (2). On ne connaît rien de cette troisième expédition de D'Iberville. Il passa en France l'année suivante et fut nommé par le roi capitaine de frégate.

Il était absent de Québec lors du siège de 1690, où ses frères Longueuil et Sainte-Hélène se couvrirent d'honneur. Celui-ci reçut une blessure grave dont il mourut au bout de quelques jours « au grand regret de toute la colonie qui perdait en lui, dit Charlevoix, un des plus aimables cavaliers et des plus braves hommes qu'elle ait jamais eus. »

Toujours aux ordres de la cour et de Frontenac, D'Iberville passa les étés de 1692 et 1693 à croiser, avec M. de Bonaventure, le long des côtes de la Nouvelle-Angleterre et fit subir aux Anglais des pertes immenses pour leur commerce.

Revenu à Québec dans l'automne de 1693, il épousa Marie-Thérèse Pollet, fille de François Pollet de la Combe-Pocatière et de Marie-Anne Juchereau.

Au printemps de 1694, il retourne faire une croisière dans le golfe; et sa femme, qu'il a emmenée avec lui, lui donne un fils, sur les bancs de Terre-Neuve. Il revient à Québec faire baptiser son enfant, puis repart le 10 août avec son frère Sérigny, cette fois pour une quatrième expédition à la baie d'Hudson.

Les Anglais s'y sont emparés du fort Sainte-Anne et veulent évidemment demeurer seuls maîtres de toute la baie d'Hudson. D'Iberville, malgré les obstacles presque insurmontables que lui opposent d'énormes banquises de glaces, réussit à leur enlever le fort Nelson, auquel il donne le nom de fort Bourbon. Mais il ne peut leur reprendre le fort Sainte-Anne; et il voit que pour chasser complètement les Anglais de la baie et assurer à la France cette partie de l'Amérique du Nord si riche en pelleteries, il lui

(1) Ihid., p. 326.
(2) *Histoire de Longueuil*, p. 95.

faut des forces beaucoup plus considérables que celles qui sont à sa disposition. Il se met donc en route pour le Canada. Mais les vents contraires l'ayant arrêté longtemps sur la côte du Labrador, il tourne du côté de la France et arrive à La Rochelle le 9 octobre 1695.

Il passe à Paris l'hiver de 1696 et organise son plan de campagne pour les années suivantes. La cour, décidée à harceler sans merci les Anglais, lui confie la mission d'aller détruire leur fort Pemquid (1) en Acadie, puis ravager leurs établissements dans l'île de Terre-Neuve : ce n'est qu'après cela qu'il ira à la baie d'Hudson pour en chasser complètement les Anglais ; et il s'engage à faire cette expédition « à ses propres dépens (2). »

En Acadie et à Terre-Neuve, il est convenu que D'Iberville aura le concours des Français que les gouverneurs de ces colonies mettront à sa disposition. Mais il compte surtout, pour le succès de sa campagne, sur les Canadiens que Frontenac et l'intendant Champigny (3) se sont chargés d'engager à son service. Il leur a « indiqué M. D'Auteuil, à Québec, pour travailler à cette levée (4); » et celui-ci n'a pas de peine à lui trouver le nombre

(1) Le fort Pemquid était situé au bord de la mer, à peu de distance de l'embouchure de la rivière Kénébec. Les Abénakis s'en étaient emparés et l'avaient détruit en 1689; mais les Anglais, ayant pris Port-Royal l'année suivante, rétablirent ensuite le fort Pemquid. Ce fort, sur les confins du pays des Abénakis, était pour ces Sauvages une menace constante; pour avoir la paix, ils étaient tentés sans cesse d'aller se jeter dans les bras des Anglais. Il importait donc de le détruire.

(2) *Documents de la Nouvelle-France*, t. II, p. 211.

(3) Jean Bochart, chevalier, seigneur de Champigny, Noroy et Verneuil, conseiller du roi en ses conseils, intendant de justice, police et finances au Canada. Il était parent de la famille de M. de Lauson, ancien gouverneur du Canada, et appartenait à une ancienne famille de robe, originaire de Bourgogne. Il arriva à Québec dans le mois de septembre 1686 et « repassa en France en 1702, pour être intendant au Havre, après avoir passé seize ans au Canada, où il était fort aimé. C'était un homme dont la bonne mine et l'air noble annonçaient l'ancienne maison d'où il était sorti. Il était bon, humain, populaire. » *(Histoire de l'Hôtel-Dieu de Québec*, p. 401).

Après ce témoignage de la Sœur Juchereau, on est surpris de trouver, dans une étude sur Frontenac récemment publiée, ce mot malheureux : *l'ignoble Champigny*. *(Mémoires de la Société Royale du Canada*, 2e série, vol. IV, p. 50). Rien dans la carrière de cet intendant ne nous paraît justifier l'emploi d'une épithète aussi dure à son égard.

(4) *Documents de la Nouvelle-France*, t. II, p. 211.

voulu de miliciens. Outre l'appât du butin, c'est à qui parmi les Canadiens s'attachera à la fortune de D'Iberville. Il les connaît et ils le connaissent : *noscere provinciam, nosci exercitui;* il a gagné leur confiance par ses grandes qualités : *discere à peritis, sequi optimos, nihil appetere jactatione, nihil ob formidinem recusare, simulque anxius et intentus agere* (1). Tout le monde, d'ailleurs, connaît son désintéressement; et il peut dire avec encore plus de vérité que Duguay-Trouin : « Je ne cherche en servant bien que le plaisir de bien servir (2). »

Le journal de l'abbé Beaudoin que nous publions donne le récit de l'expédition de D'Iberville en Acadie et à Terre-Neuve.

Cette expédition fut couronnée par les succès de D'Iberville à la baie d'Hudson. Notre héros partit de Terre-Neuve avec cinq vaisseaux, dont quatre lui avaient été amenés de France par son frère Sérigny. Arrivé au fort Nelson, il n'en avait plus qu'un, les autres ayant été dispersés par les tempêtes et les glaces.

« Trois navires anglais vinrent résolument l'attaquer. L'un d'eux portait cinquante-deux canons et deux cent cinquante soldats; D'Iberville n'avait au plus que cinquante hommes. Le combat s'engagea avec fureur. Après trois heures d'une lutte acharnée, D'Iberville saisit l'occasion d'en finir par un coup décisif. Voyant approcher le plus gros des navires anglais, il fait pointer tout son canon à couler bas, va à sa rencontre, le range sous le vent et lui envoie sa bordée. Le vaisseau ennemi ne fit que la longueur de sa quille et sombra; tout périt.

« Sur le champ, D'Iberville vire de bord, et tombe sur le premier des deux autres vaisseaux, qui amena aussitôt son pavillon; le troisième prit la fuite.

« Quelques jours après, la prise du fort Nelson couronna ces brillants exploits et fit passer toute la baie d'Hudson sous la domination de la France (3). »

La paix de Ryswick (20 septembre 1697) vint confirmer cette conquête (4), mais d'une manière, hélas! bien éphémère, puis-

(1) Tacite, *Vita Agricolæ.*

(2) « Je ne veux rien négliger pour vous faire connaître avec quel zèle je me porte au bien du service, et mériter par là l'honneur de votre protection. » (Lettre de D'Iberville au ministre, Plaisance, 24 septembre 1696).

(3) Gauthier, *Histoire du Canada.*

(4) *Documents de la Nouvelle-France,* t. II, p. 227.

que, quinze ans plus tard, le traité d'Utrecht (1713) devait céder définitivement la baie d'Hudson à l'Angleterre.

Après la paix de Ryswick, D'Iberville n'ayant plus de raison de se tourner vers le nord, on le trouve dans une direction toute opposée. La cour l'envoie au golfe du Mexique, dans le but de préparer les voies au grand établissement de la Louisiane.

Il y fait un second voyage en 1699, fonde la ville de Mobile et le fort de Biloxi, puis remonte le Mississipi jusqu'à plus de deux cents lieues. C'est dans ce voyage qu'il perd son plus jeune frère, D'Assigny.

Les Anglais, qui le suivent partout, veulent pénétrer eux-mêmes dans le Mississipi; mais ils en sont chassés par les canons du fort construit par D'Iberville.

« La Louisiane, dit un chroniqueur, se peuplait sous la protection de son fondateur, qui ne cessa d'exercer jusqu'à sa mort une grande influence sur sa destinée. »

En 1706, toujours aux ordres du roi, il entreprend une expédition à l'île Barbade et autres îles occidentales. Sur son chemin, il attaque l'île de Nièvres et la conquiert à la France. Puis il met à la voile pour aller attaquer les flottes marchandes de la Virginie et de la Caroline. Il cingle vers la Havane, afin de tomber sur la flotte de la Virginie.

A la Havane, une maladie mortelle le saisit et le conduit au tombeau. Il meurt le 5 juillet 1706, âgé d'environ quarante-cinq ans.

Quelle carrière accidentée! quel mouvement! quelle vie toute employée au service de la patrie! Mais parmi tous les titres de gloire de D'Iberville, celui qui nous frappe le plus, et qui ressort bien du journal de Beaudoin, c'est la confiance qu'il avait su inspirer aux Canadiens et qui les lui avait rendus si dévoués.

« Les Canadiens, qui l'adoraient, étaient pour lui, observe Charlevoix, la dixième légion de César; à leur tête, il était invincible. »

« En plus d'une occasion, ajoute un chroniqueur, les troupes régulières tenues en échec devant l'ennemi se virent assurer la victoire par l'élan de la milice canadienne, dont l'apparition sur un champ de bataille relevait les courages, comme plus tard la vieille garde de Napoléon.

« Combien de fois n'a-t-on pas vu les officiers paralysés dans leur action et ne sachant que faire avec nos miliciens? Survenait-il alors un officier canadien, fût-il même un simple enseigne, tout changeait de face, tant nos compatriotes avaient confiance dans les ressources naturelles des enfants du pays (1).

« Mais parmi ceux qui ébranlaient vivement les esprits de ces braves, parmi ceux qui les grisaient de gloire et leur faisaient accomplir des miracles de valeur, aucun n'était comparable à D'Iberville (2)... »

IV

Il nous reste à dire un mot de l'abbé Jean Beaudoin, l'auteur de ce journal.

Il naquit à Nantes, vers 1662, et fit ses études au collège de cette ville, puis embrassa la carrière des armes. Il fut quelque temps mousquetaire dans les gardes du roi. Bientôt cependant, il se dégoûta du monde ; et, se sentant appelé à l'état ecclésiastique, il entra d'abord au séminaire de Nantes, puis à Saint-Sulpice de Paris, où il se forma aux vertus sacerdotales sous la direction de M. Tronson.

Devenu prêtre en 1685, il se consacra aux missions du Vivarais. Mais l'année suivante, l'évêque de Nantes le rappela dans son diocèse. Il était déjà agrégé à la société de Saint-Sulpice puisque le prélat eut besoin du consentement de M. Tronson : celui-ci écrivait, en effet, à cette occasion :

« Mgr de Nantes veut absolument que M. Beaudoin retourne dans son diocèse et on lui a donné parole ; ainsi, il n'est plus en mon pouvoir de le retenir. »

Il faut croire cependant que son agrégation à Saint-Sulpice n'était pas définitive, puisque l'auteur des *Sulpiciens en Acadie* nous le montre, en 1687, « au séminaire des Missions-Étrangères de Paris, où il avait obtenu, dit-il, son entrée pour étudier sa

(1) Voici l'éloge que M. Duquesne, gouverneur du Canada, faisait un jour des Canadiens : « Je ne connais pas dans le monde de meilleur peuple que le canadien. Je suis enchanté de sa soumission et de son zèle... Je n'ai pas eu la moindre peine de les faire marcher, cette campagne ; ils se sont rendus à la minute, lorsque je les ai commandés, avec leurs armes du calibre ordonné, ce qui a épargné bien des fusils au roi... » (Lettre de M. Duquesne au ministre, Québec, 29 septembre 1754).

(2) On lui a élevé un monument à Montréal, les années dernières, sur la place de l'église paroissiale de Sainte-Cunégonde.

vocation. Il y rencontra Mgr de Laval, qui venait de donner sa démission, et Mgr de Saint-Vallier, appelé à lui succéder. La conversation de ces deux saints prélats le mit au courant des missions de la Nouvelle-France et des besoins qu'elles avaient d'ouvriers et d'apôtres zélés. Ses vues s'arrêtèrent particulièrement sur celles de l'Acadie...; il s'offrit donc à Mgr de Saint-Vallier pour les missions acadiennes. »

Le séminaire de Québec s'occupait, depuis plusieurs années, des missions de l'Acadie. Il y avait envoyé dès 1676 un de ses prêtres, l'abbé Petit, ancien officier du régiment de Carignan :

« Ce missionnaire, écrit Desgouttins (1) au ministre, avait ordre de son évêque de desservir la cure de Port-Royal et d'en faire sortir un Cordelier nommé Père Moulin, qui en faisait les fonctions depuis douze ans. »

L'abbé Petit reçut de Mgr de Laval des pouvoirs de grand vicaire. L'abbé Thury, un autre prêtre du séminaire de Québec, alla le rejoindre quelque temps après (2).

Les Sulpiciens furent introduits en Acadie par Mgr de Saint-Vallier; et nombre d'entre eux se dévouèrent dans la suite à ces missions lointaines.

L'abbé Beaudoin passa au Canada en 1688 et fut envoyé par l'évêque à la mission de Beaubassin, où l'abbé Trouvé, l'ancien

---

(1) Lieutenant général de la justice à Port-Royal.

(2) M. Thury fut plusieurs années missionnaire à Miramichi, puis à Pentagouët. C'était « un bon ouvrier et un homme de tête, » dit Charlevoix, « un vrai apôtre de la civilisation et un bienfaiteur de l'humanité, » écrit l'abbé Casgrain. Il a laissé une magnifique relation de l'expédition de ses sauvages Abénakis contre le fort Pemquid. Il mourut en 1698, « jeune encore d'âge, n'ayant que quarante-huit ans, mais plein de mérites. »

« Le grand vicaire Thury, ajoute l'abbé Casgrain, n'avait eu pour témoins de ses derniers moments que les rares familles micmaques campées au bord de la baie de Chibouctou. Ces bons néophytes, après lui avoir fermé les yeux, lui rendirent un touchant hommage de reconnaissance et de vénération en élevant sur sa tombe un petit monument funèbre construit à leur manière. Ils plantèrent au-dessus de la fosse de solides pieux accolés les uns aux autres, en forme de rectangle allongé, qu'il couvrirent d'une espèce de voûte faite de larges écorces cousues de racines comme leurs canots. De gros cailloux, proprement rangés autour, complétèrent le petit monument. » *(Les Sulpiciens en Acadie).*

confrère de M. de Fénelon à la baie de Quinté (1), exerçait déjà
depuis trois ans son zèle apostolique :

« Tous deux, ajoute l'écrivain que nous venons de citer, eurent
à desservir le fond de la baie Française (2), les Mines, Cobequid,
Petitcoudiac, Chipoudy, toutes les côtes du golfe jusque vers
Canso. C'était un pays vaste comme une province de France, mais
à demi sauvage, peuplé d'Acadiens laboureurs, pêcheurs, coureurs
de bois, de Micmacs et de Malécites, dispersés sur tous les rivages
ou campés dans les bois (3). »

Il serait difficile de dire les privations de toutes sortes, les
fatigues et les misères qu'eut à endurer l'abbé Beaudoin dans cette
pénible mission. Les plus grandes peines qu'il éprouva, cependant, lui vinrent de la part de certains officiers ou agents français
qui, par leur mauvaise conduite, leurs intrigues, leurs menées de
toutes sortes, paraissaient s'étudier à contrecarrer l'œuvre des
missionnaires. Il triompha de tout cela par sa vertu et sa bonne
humeur. M. Tronson, qui lui portait un intérêt tout particulier,
écrit de lui dans une de ses lettres :

« Une personne qui le vit l'année dernière nous en donna des
nouvelles : il ne perd pas courage, et la misère ne le rend pas plus
mélancolique. »

Nos missionnaires rendirent, à cette époque, des services inap-
préciables à la cause française en Acadie. Pour conserver l'Acadie
à la France, il fallait absolument le concours actif des Sauvages;
il fallait à tout prix les empêcher de faire la paix avec la Nouvelle-
Angleterre. Aussi voit-on, en 1689, l'abbé Thury engager fortement ses Abénakis à soutenir les Micmacs et les Malécites dans
leur campagne contre le fort Pemquid : il leur démontre qu'ils
ont tout à gagner en restant fidèles à la France, tout à redouter,
au contraire, pour leur foi et leur religion, s'ils se mettent sous le
joug de l'Angleterre; il applaudit à leurs succès; mais en même
temps, par son autorité morale et ses conseils, il empêche bien des
actes de cruauté et de barbarie qui ont coutume de déshonorer
les guerres des Sauvages.

Trois ans plus tard, c'est l'abbé Beaudoin qui accompagne à son

(1) *Vie de Mgr de Laval*, t. I, p. 543.
(2) Aujourd'hui la baie de Fundy.
(3) *Les Sulpiciens en Acadie*, par l'abbé Casgrain.

tour ses Sauvages dans l'expédition du baron de Saint-Castin contre le fort de Wells, sur la frontière de la Nouvelle-Angleterre. Sa présence soutient leur courage, réchauffe leur attachement à la France, modère leurs mauvais instincts.

Les autorités civiles sont bien aises de voir le clergé exercer son influence, lorsqu'elle sert leurs desseins : mais cette influence vient-elle se mettre en travers de leurs projets et de leurs vues, comme il arrive quelquefois dans l'exercice des droits les plus légitimes, vite on crie à l'ingérence indue dans les affaires temporelles. Les abbés Beaudoin et Petit (1) en firent une douloureuse expérience. Certains employés subalternes du gouvernement de l'Acadie se plaignirent d'eux à la cour; et le ministre écrivit à Mgr de Saint-Vallier au printemps de 1694 :

« Sa Majesté a été fort indignée de la mauvaise conduite des sieurs Beaudoin et Petit, missionnaires de l'Acadie, dans les choses qui ont eu relation à son service, et dans la résistance que M. de Villebon, commandant à l'Acadie, a trouvée de leur part. Elle a aussi appris qu'ils ont refusé l'absolution à des particuliers, parce qu'ils étaient engagés dans le service contre les Anglais. Sa Majesté aurait donné des ordres pour les faire retirer, si Elle n'avait trouvé plus à propos, par considération pour vous, de vous prier d'empêcher la continuation de ces désordres, et que ces ecclésiastiques ne s'ingèrent point des affaires qui concernent le temporel, si ce n'est par l'ordre de ceux auxquels Sa Majesté a confié son autorité, afin qu'en cela ils soient soumis comme ils doivent l'être, et que si vous ne croyez pas pouvoir vous assurer de leur obéissance, vous les retiriez pour en mettre d'autres à leur place (2). »

L'abbé Beaudoin se vit obligé de monter à Québec, dans l'été de 1694, pour donner des explications à l'évêque. Il passa même en France, avec le prélat, dans le cours de l'automne. L'intendant du Canada, plus juste que les officiers de l'Acadie, se fit un devoir de le recommander fortement à la cour :

---

(1) Le grand vicaire Petit fut signalé à la cour comme ayant été la cause de la prise de Port-Royal par les Anglais en 1690. *(Rapport sur les archives du Canada*, 1887). On sait qu'il fut fait prisonnier et emmené à Boston, où il demeura en captivité jusqu'en 1691. Rendu à la liberté, il retourna en Acadie, puis vint terminer paisiblement ses jours au séminaire de Québec, où il mourut en 1709 à l'âge de quatre-vingts ans.

(2) *Documents de la Nouvelle-France*, t. II, p. 155.

« M. Beaudoin, missionnaire à l'Acadie, qui passe en France avec M. l'évêque, a rendu de si bons services au roi en ménageant les Sauvages et les empêchant de faire la paix avec l'Anglais, ayant même été en guerre avec eux et essuyé beaucoup de fatigues, que je crois être obligé, monseigneur, de vous en rendre témoignage. Il a assisté les peuples au péril de sa vie, quoiqu'il fût informé que l'on forçait les habitants par la prison à dire où il était. Il a toujours eu un fort grand soin de les porter à l'obéissance, et a conservé lui-même pour les commandants les égards et la considération qu'ils pouvaient souhaiter (1)... »

Faut-il s'étonner qu'après avoir reçu la visite de ce bon missionnaire, si bien recommandé par l'intendant de la Nouvelle-France, le ministre Pontchartrain lui ait témoigné de la bienveillance, et se soit déclaré satisfait de ses explications? Il est difficile toutefois de s'avouer complètement vaincu : il faut qu'un accusé ait toujours un peu tort. Pontchartrain écrivit au commandant de l'Acadie :

« Sa Majesté a permis au sieur Beaudoin, dont la piété et le zèle sont connus, de retourner à l'Acadie pour y continuer ses exercices, *et se renfermer dans les choses de sa profession* (2). »

Il offrit en même temps à l'abbé Beaudoin de traverser en Acadie sur un des vaisseaux de M. D'Iberville, et de l'accompagner en qualité d'aumônier dans son expédition de Terre-Neuve. L'abbé accepta de grand cœur, avec l'agrément de l'évêque qui se trouvait lui-même à Paris à cette époque, une mission qui était tout-à-fait dans ses goûts; et il promit au ministre de lui en rendre compte.

Cette mission terminée, après la campagne de Terre-Neuve (3), l'abbé Beaudoin, de retour chez ses chers paroissiens de Beaubassin, adressa en effet au ministre Pontchartrain, le 2 septembre 1697, la relation de son voyage. C'est le journal que nous publions aujourd'hui.

Le missionnaire survécut peu de temps à ce voyage; il vit sa

(1) Lettre de M. de Champigny au ministre, Québec, 24 octobre 1694.
(2) *Documents de la Nouvelle-France*, t. II. p. 215.
(3) C'est l'abbé Fitz-Maurice, de la famille des Kiéri en Irlande, qui remplaça M. Beaudoin comme aumônier de D'Iberville à la baie d'Hudson : « Il était d'une force extraordinaire, écrit l'abbé Desmazures, et fut admirable de dévouement. »

carrière se terminer prématurément l'année même qui suivit son retour de Terre-Neuve. Il mourut en 1698 dans sa mission de Beaubassin. M. Tronson écrivant en 1699 à Mgr de Saint-Vallier :

« Nous avons appris, disait-il, la mort de M. Beaudoin avant que vous me l'eussiez écrit. Nous n'avons pas manqué de prier pour lui... C'était un bon ouvrier, dont la mort est sans doute affligeante, mais qui porte avec elle sa consolation, puisqu'elle lui est arrivée les armes à la main et en servant son bon Maître. »

JOURNAL DE BEAUDOIN

JOURNAL DU VOYAGE QUE J'AY FAIT AVEC M. D'IBERVILLE, CAPITAINE DE FRÉGATE, DE FRANCE EN L'ACADIE ET DE L'ACADIE EN L'ISLE DE TERRENEUVE. DU 26 JUIN 1696 JUSQU'EN MAY 1697.

Notre voyage de France en l'Acadie, monseigneur, a été assez heureux : nous n'avons rien trouvé en mer.

Nous sommes arrivés à la Baie des Espagnols (1) le 26 juin (2). Nous y avons trouvé trente sauvages qui nous y attendaient avec leurs familles. Ils se sont tous confessés. J'en ay baptisé quelques-uns et marié d'autres. Leurs camarades estaient desjà allés en guerre. On leur vend tout si cher, que, sans avoir bu, à peine sont-ils habillés, après avoir tué cinq cents orignaux cet hyver. Je prieray M. le marquis de Chevry (3) d'avoir la bonté de leur faire distribuer par les navires des marchandises, qu'ils auront à quatre fois meilleur marché.

Nous y avons aussi trouvé des Français avec des lettres de M. de Villebon (4), qui nous marquent que les ennemis nous attendent à la rivière Saint-Jean. Dieu soit bény! Nous sommes tous résolus de les y aller trouver.

Le 4 juillet, ces sauvages s'embarquent avec nous, et nous partons pour la rivière Saint-Jean.

Nous avons eu assez beau temps, quoique beaucoup de brume. Au travers du Cap de Sable, nous entendons tirer du canon : ce sont apparemment les ennemis qui s'appellent, de peur de s'écarter dans la brume.

Le 14 juillet, nous mouillons, dans la brume, à cinq lieues de la rivière Saint-Jean. Le temps se haussant, sur les deux heures après midi, nous apercevons au vent à nous trois bastiments, qui

---

(1) D'Iberville l'appelle aussi le « Havre à l'espagnolle. » C'est aujourd'hui Sidney, dans le Cap-Breton.

(2) D'Iberville dit « le 27 juin. »

(3) M. de Chevry était directeur de la pêche sédentaire de Chedabouctou. « Il a servi longtemps en France et dehors, avec la réputation d'un bon officier d'infanterie. » *(Documents de la Nouvelle-France, t. II, p. 254).*

(4) Joseph Robineau de Villebon, fils de René Robineau, seigneur de Bécancour et baron de Portneuf. M. de Villebon était alors gouverneur de l'Acadie.

portent droit à la rivière Saint-Jean : à une lieue de nous, nous apercevant, donnent sur nous : qui levons l'ancre.

Le *Profond* se met en façon de prise, et ne doit point ouvrir ses sabords qu'à la portée du fusil des ennemis, qui vont être bien reçus de nos gens, qui ont approché pendant la traversée très souvent des sacrements. J'espère que Dieu nous bénira.

Deux de ces navires s'approchent assez près, et font leurs décharges, le petit sur le *Profond*, et le grand sur l'*Envieux* (1). Les ennemis, voyant ouvrir les sabords au *Profond*, tiennent le vent; ne pouvant résister à la mousqueterie, fuient, le *Profond* tâchant de leur gagner le vent; et nous les suivions battant d'un fort gros temps.

M. D'Iberville démâte le petit (2), de vingt-quatre canons, qui paraît très joly; qui faisant aussitôt vent arrière se met presque sous notre éperon et *amène son pavillon*. M. D'Iberville le laisse amariner à M. de Bonaventure (3), qui le donne à Baptiste (4) pour

(1) L'*Envieux* était le navire sur lequel était D'Iberville.

(2) Il s'appelait le *New-Port :* le nom de l'autre n'est pas donné.

(3) Simon-Pierre Denys de Bonaventure, capitaine de frégate, comme D'Iberville. C'est lui qui commandait le *Profond :* « Le *Profond*, que commandait M. de Bonaventure... » dit Charlevoix.

M. de Villebon avait recommandé M. de Bonaventure à Pontchartrain pour l'entreprise projetée contre le fort de Pemquid : « Je prends la liberté de vous représenter que si vous vouliez jeter les yeux sur M. de Bonaventure, outre la connaissance qu'il a déjà prise du pays, il est d'une humeur à ne faire naître aucune difficulté. » (Archives du ministère des colonies, Canada, correspondance générale, vol. 13, Mémoire de Villebon, 20 août 1694).

(4) M. de Villebon avait également recommandé Baptiste : « Le poste de Pemquid étant pris, on pourrait aller faire des descentes le long de la côte. M. Baptiste, avec quelques pilotes que nous avons ici, conduirait sûrement les vaisseaux, et on pourrait détruire une partie des îles qui sont à la vue de Boston, sans risque... »

On avait donné à Baptiste un brigantin : voici ce que M. de Champigny écrivait au ministre à ce sujet le 24 octobre 1694 : « On m'a donné avis que le capitaine Baptiste, qui monte un brigantin que Sa Majesté lui a accordé, avait pris dix petits bâtiments sur les Anglais, dont deux lui avaient été repris, mais que n'ayant pas ménagé son équipage, la plus grande partie l'avait quitté. Son bâtiment a été battu d'un si grand coup de vent, pendant qu'il en était dehors, qu'il a pensé se perdre à la côte; et l'on croit que les Anglais l'ont été attaquer dans une rivière où il était entré pour se radouber. Les Sauvages rapportaient avoir entendu tirer beaucoup de coups de canon... »

Frontenac écrivait également au sujet de Baptiste, le 25 août 1694 : « Je crois que Sa Majesté n'aura pas sujet de se repentir d'avoir accordé au capitaine

le conduire à la rivière Saint-Jean, où il pensa le perdre sur dés roches, sur lesquelles il l'échoua.

Nous suivions l'autre, de trente-quatre canons : nos boulets passent bien loin au delà de luy. La brume et la nuit finissent le combat, qui dura trois bonnes heures : heureuse brume pour ce navire ! il aurait assurément fait le voyage de France.

Nos sauvages y ont très bien fait. Nous n'avons, grâce au Seigneur, personne de blessé, quoique plusieurs boulets aient porté contre notre bord.

Le 15, nous arrivons à la rivière Saint-Jean, où nous trouvons M. de

Baptiste le brigantin qu'Elle lui a donné. J'ai eu avis depuis peu de jours qu'il avait fait quelques prises, depuis qu'il était arrivé à la rivière Saint-Jean, outre celles qu'il avait faites en y allant... »

Il ajoutait, à la même date : « Le sieur de Villebon vous informe sans doute de ce qui est arrivé au capitaine Baptiste, qui me mande avoir fait quelques prises, et être prêt de se remettre à la mer pour essayer d'en faire de nouvelles. Il se plaint qu'un missionnaire qui est aux Mines, appelé le sieur de Saint-Cosme, le traverse fort dans tous les préparatifs qu'il est obligé d'aller faire en ce lieu, et même qu'il inspire des sentiments à de certains habitants qui lui sont affidés, qui, passant des uns aux autres, pourraient avoir à l'avenir des suites fort préjudiciables au service. J'écris à M. de Villebon d'y avoir l'œil fort exactement, et d'essayer de contenir ces ecclésiastiques dans les bornes de leur ministère et de leur faire connaître qu'ils ne se doivent mêler que de leur métier. Il faudrait que de son côté M. l'évêque y apportât les remèdes qui dépendent de lui et qu'il exécutât sur cela les ordres et les instructions de Sa Majesté, lesquels il ne peut plus ignorer après ce que vous lui avez prescrit... »

On voit par une lettre du gouverneur et de l'intendant, du 10 novembre 1695, que les Anglais enlevèrent à Baptiste le brigantin que le roi lui avait donné. Frontenac, d'ailleurs, avait changé d'opinion au sujet de ce corsaire : il écrit au ministre le 2 novembre 1695 :

« Je vous avais recommandé, monsieur, les années précédentes, le nommé Baptiste, sur les bons témoignages que M. de Villebon m'en avait rendus ; mais j'ai appris depuis deux ou trois mois qu'il avait tenu des discours peu de temps avant qu'il passât en France, qui marquaient qu'il n'avait pas de trop bonnes intentions. On m'a dit que c'est un homme qui est marié en plusieurs endroits en France et en Hollande, outre la femme qu'il a présentement au Port-Royal. M. de Vaudreuil m'a assuré qu'il connaissait celle qu'il avait en France, et qui est proche de chez lui en Languedoc. J'ai cru vous en devoir avertir, aussi bien que M. de Chevry, afin qu'il ne puisse pas vous surprendre, puisqu'on prétend qu'il est allé demander en France un autre vaisseau à la place de celui qu'il a perdu, pour avoir plus de facilité de transporter en Hollande ou en quelque autre pays ennemi la femme qu'il a à Port-Royal, avec tous ses effets... »

M. de Saint-Cosme et les autres missionnaires de l'Acadie n'avaient donc pas tort d'entraver un peu les démarches de ce singulier personnage.

Villebon, et le P. Simon (1), avec une cinquantaine de sauvages.

. On a mis les effets du Roy à terre; et sur la nouvelle qu'Aldin, marchand de Boston, est en marchandise au Port Royal, M. Dugué, lieutenant de M. D'Iberville, très brave homme, y va en charoy avec trente hommes. J'y allai aussi, ravi de trouver occasion de voir M. de Maudou (2), qui y est depuis le départ de M. Petit. Je les dois revoir à la Hayve (3), où M. D'Iberville m'a dit de donner rendez-vous aux sauvages de ma mission, qu'il prendra à son retour de Pemquid.

Aldin était parti de Port-Royal. Les pauvres habitants sont bien mal : on leur défend de trafiquer avec les Anglais, et les Français ne leur fournissent pas le quart de leurs besoins. Je suis assuré que si M. le marquis de Chevry savait la vérité, il y mettrait ordre.

* *

Le 2 août, nous partons pour Pentagouët (4). Le P. Simon s'embarque avec M. de Bonaventure avec les sauvages.

Le 7, nous arrivâmes à Pentagouët. Nous y trouvâmes M. de Thury et M. de Saint-Castaing (5), avec 150 (6) sauvages, qui nous y attendaient.

(1) « Le P. Simon, récollet, missionnaire à la rivière Saint-Jean, très honnête homme. » (Lettre de Champigny au ministre, Québec, 6 nov. 1695).

(2) Abel Maudoux, prêtre du séminaire des Missions-Étrangères, était curé des Trois-Rivières, avant d'aller à Port-Royal en 1693. « Ce missionnaire est d'une vertu exemplaire, qui lui attire la vénération et la confiance de tous ses paroissiens; il est du bien du pays qu'il lui convienne d'y rester. » (Mémoire de M. de Brouillan, Port-Royal, 22 oct. 1701). « Il aurait fallu pour curé à Port-Royal un homme supérieur et absolument maître de soi-même pour en imposer aux mécontents et leur faire face, quand le devoir l'exigeait, sans perdre son sang-froid. Malheureusement, au dire de l'abbé Tremblay, M. Maudoux n'était ni l'un ni l'autre. Prêtre vertueux, il n'avait que des facultés médiocres et un tempérament excitable qui obscurcissait parfois son jugement. » (*Les Sulpiciens en Acadie*, p. 248).

(3) Ou La Hêve.

(4) Aujourd'hui Penobscot, dans l'État du Maine.

(5) Jean-Vincent d'Abadie, baron de Saint-Castin, natif d'Oloron, venu au Canada à l'âge de quinze ans en qualité d'enseigne dans le régiment de Carignan-Salières. Il était commandant à Pentagouët. « Bien qu'il eût mené longtemps dans les bois une vie déréglée, Saint-Castin avait de fortes convictions religieuses et se montrait l'ami dévoué des missionnaires. » (*Les Sulpiciens en Acadie*, p. 159).

(6) La copie Martin dit 130.

M. D'Iberville fit festin aux 300 sauvages, ou environ, le reste
étant déjà allé en guerre. Il leur distribua les présens du Roy, et
leur dit qu'il allait attaquer Pemquid. Ils répondirent qu'ils
seraient avec plaisir de la partie.

Le 13, MM. de Villieux (1) et de Montigny (2) partent en canot, et
M. de Thury et le P. Simon avec les sauvages, pour *aller investir
Pemquid :* ce qu'ils firent le lendemain. Les vaisseaux y arrivèrent
aussi : on descendit les deux mortiers, deux canons, des bombes
et des boulets à demi-lieue du fort. On le somma aussitôt : ils
firent réponse qu'ils se voulaient battre. Nous couchâmes avec les
sauvages autour du fort.

Le 15, jour de l'Assomption, M. D'Iberville descendit à terre
deux heures avant jour, et après la sainte messe il fit charrier par
les Français et sauvages les mortiers, les bombes et les canons,
et les boulets, à demi-portée de canon du fort, qu'on plaça bien
garnis de fascines, avant midi. M. de Thury et le P. Simon la
parèrent belle, chacun travaillant à qui mieux mieux.

Après disné, l'on somma encore le fort, qui se voulait deffendre :
il fit feu sur nous, pendant qu'on plaçait les canons et les mortiers;
mais des sauvages et français soutenaient les travailleurs. La
sommation faite, l'on tira cinq bombes, qui étonnèrent les
ennemis, que le sieur de Saint-Castaing alla encore sommer et
leur conseiller de se rendre; sans quoi ils couraient risque de leur
vie, les sauvages estant enragés contre eux de ce qu'ils avaient tué
et mis aux fers de leurs confrères dans un pourparler. Aussi les
sauvages ne voulaient pas qu'on sommât le fort, espérant de se
venger.

Les ennemis se rendirent sur les cinq heures du soir, à condition qu'on les mettrait en sûreté des sauvages, qu'on les mettrait
à la première coste anglaise : ce qu'on leur accorda. Ils sortirent
ce mesme jour, sans armes, du fort. Le sieur de Villieux y entra

(1) Claude-Sébastien de Villieux, lieutenant réformé des troupes de la
marine, en garnison à Naxouat. C'était un officier d'une grande bravoure, qui
s'était distingué au siège de Québec, et dans plusieurs expéditions contre la
Nouvelle-Angleterre.

(2) Gabriel Testard de Montigny était un des anciens compagnons d'enfance
et de première communion de D'Iberville. « Il ne pouvait demeurer en repos,
dit Charlevoix, et c'était bien le plus incommode voisin que pussent avoir les
Anglais. »

avec soixante français, et l'on mena les prisonniers en chaloupe sur une isle proche des vaisseaux, de peur que les sauvages ne se jetassent dessus. J'y entrai aussi et y trouvai un Caniba (1) aux fers, à demi mort : je fus près de deux heures à les luy limer : on le porta au camp. L'on trouva parmi les papiers du gouverneur un ordre, venu depuis peu de Boston, de le pendre. Je vous advoue, monseigneur, que je craignais que les sauvages, voiant leur confrère dans un si pitoyable estat, ne se jetassent sur les Anglais.

Ce fort estait situé à l'embouchure d'une rivière (2), au bord de la mer, presque tout entouré d'eau à marée haute, de figure carrée, quatre fort belles tours, un beau magasin à poudre, creusé dans le rocq, une fort belle place d'armes au milieu, très bien basti de bonne pierre; la muraille, de douze pieds de haut, avec une galerie dessus, douze pieds et demi d'épaisseur; seize pièces de canon, depuis vingt-quatre jusqu'à huit livres de balles.

Le sieur D'Iberville, suivant la capitulation, envoya à Boston les prisonniers dans un charroy qu'il avait pris à la rivière Saint-Jean au sieur Deschauffours (3), demandant au Conseil de Boston

(1) Les Canibas étaient des sauvages de race abénaquise, dans les environs de Pentagouët.

(2) La rivière Kénébec.

(3) Les frères Damours avaient une seigneurie à la rivière Saint-Jean et demeuraient à Gemsek, petit port situé à vingt-cinq lieues de l'embouchure de cette rivière. Ils étaient trois : Damours des Chauffours, Damours de Plaine et Damours de Freneuse. M. de Champigny écrivait à leur sujet au ministre le 6 novembre 1695 : « Les enfants du sieur Damours, conseiller au Conseil Souverain, qui sont établis sur la rivière Saint-Jean, s'appliquent principalement à la culture des terres et à élever des bestiaux. Je vous envoie, monseigneur, le recensement qui a été fait de leur domaine par le P. Simon, récollet, qui est missionnaire dans la même rivière, auquel on peut avoir confiance, étant très honnête homme. C'est bien mal à propos, monseigneur, que l'on vous a mandé qu'ils mènent une vie licencieuse avec les sauvages, puisque j'ai des témoignages assurés que leur conduite est fort bonne. La mort de leur père, qui est arrivée depuis peu (9 oct. 1695), en fera jouir un de la charge de conseiller, dont Sa Majesté lui avait accordé la survivance... »

C'est M. de Villebon qui s'était plaint des Damours. Écrivant au ministre le 26 juin 1696 : « Je n'ai pas plus lieu, monseigneur, d'être satisfait des sieurs Damours que par le passé. Celui qui est venu de France ne m'a pas servi, non plus que les deux autres. Ce sont des esprits tout à fait gâtés par le long libertinage et les manières qu'ils ont prises avec les sauvages, et qu'il faut veiller

qu'il eût à lui renvoyer Guion (1) et ses gens, et les sauvages qu'ils avaient pris par trahison, s'ils voulaient avoir ceux qu'il avait pris dans le *New Port*, qu'il venait de leur prendre.

Le 20, laissant le sieur de Montigny avec trois hommes à Pemquid, pour attendre nos gens de Boston, nous partîmes pour les Monts Déserts, où il devait les amener. L'on mit le feu dans le fort, après l'avoir démoly. Nous arrivâmes le 22 aux Monts Déserts, et jettâmes en chemin un officier, qui mourut d'une pleurésie qu'il avait gaignée en faisant charrier les canons et les mortiers.

Le sieur D'Iberville s'ennuyant d'attendre, prit une barque, en laquelle il mit cent prisonniers, qu'il envoya à Boston, n'ayant plus de vivres à leur donner, et laissa quelques-uns des principaux au sieur de Villieux, qui les gardait à terre avec vingt soldats qu'il avait amenés de la rivière Saint-Jean, attendant nos gens pour les échanger.

Le 3, sept heures du matin, d'un petit vent, nous partons des Monts Déserts. Je me mis dans le *New Port* avec les sauvages pour prendre à la Hayve ceux qui s'y estoient assemblés pour venir avec M. D'Iberville à Plaisance, et mettre ceux du Cap-Breton à terre, que nous avions dans nos navires depuis trois mois, très contents, aussi bien que tous les autres, de la prise de Pemquid.

Nous n'eûmes pas plutôt paré les isles du Mont Désert, que nous aperçûmes au vent à nous sept bâtiments qui venaient vent large, et nous tenaient entre terre et eux (2). M. D'Iberville nous cria de le suivre de près. Les sauvages me dirent d'avertir le sieur de Lozon, notre commandant, que si nous estions les plus faibles, d'aborder un navire, et périr avec luy, aymant mieux mourir en se battant, qu'aux fers, n'ayant point de vie à espérer, s'ils estaient pris : à quoi le sieur de Lozon tolpa.

Le soir, à nuit close, les ennemis estant déjà proche, M. D'Iberville vire de bord, droit à terre, environ une lieue; après, il la

de près, comme j'ai eu l'honneur de vous le marquer l'année dernière. »

Parlant de Damours des Chauffours, l'abbé Beaudoin l'appelle « un homme sage et de cœur. »

(1) Probablement Joseph Guyon, beau-frère de Lamothe-Cadillac, et petit-fils de Jean Guyon, l'un des premiers censitaires de Robert Giffard. « Il avait, dit M. l'abbé Verreau, un caractère décidé et avide d'aventures. » *(Quelques notes sur Antoine de Lamothe de Cadillac, p. 4).*

(2) Et non pas « entre la mer et eux, » comme dit la copie Martin.

longe peu à peu, courant vers les Monts Déserts, les ennemis allant vers la rivière Saint-Jean : leurs feux de reconnaissance les découvraient assez. Nous les évitâmes enfin ; et le lendemain matin, ne les voyant plus, nous donnâmes droit au large jusqu'au Cap-Breton, appréhendant que les ennemis, ne nous ayant pas trouvés à la rivière Saint-Jean, ne nous vinssent attendre vers la Hayve ; et cette rencontre d'ennemis nous a empêchés de prendre nos sauvages à la Hayve, dont je suis fort fâché. On mit au Cap-Breton ceux que nous avions. Il ne nous en reste que trois, qui viennent avec nous.

*
* *

Le 12 (septembre) nous arrivons à la rade de Plaisance au matin, où une chaloupe vient apporter à M. d'Iberville un billet du Lieutenant de Roy, qui luy donne advis que M. de Brouillan (1) est party avec les Malouins (2).

Les sieurs d'Iberville et de Bonaventure, mouillant sur le champ, vont trouver le Lieutenant de Roy luy demander des vivres ; l'*Envieux* en fournissait déjà depuis huit jours au *Profond*, et n'en avait plus que pour peu de tems. Ce monsieur leur dit qu'il ne pouvait pas leur en donner, n'en ayant pas dans l'habitation :

(1) M. de Brouillan, gouverneur de Plaisance, « était un officier expérimenté, ayant de bonnes qualités, mais âpre au gain, d'un caractère difficile, ombrageux et très jaloux de son autorité. Il avait été choqué du choix que la cour de Versailles avait fait du chevalier d'Iberville pour commander l'expédition de Terre-Neuve, qu'il s'arrogeait le droit de diriger, en qualité de gouverneur. Ce fut la source de contestations et de querelles qui auraient pu faire manquer l'entreprise, si d'Iberville n'avait montré autant de longanimité que de capacité dans le commandement. » *(Les Sulpiciens en Acadie*, p. 197). — « L'intérêt, écrit l'abbé Beaudoin, fait faire bien des choses au sieur de Brouillan, qui ne sont pas à faire. »

(2) Huit bâtiments malouins que la cour avait envoyés à M. de Brouillan pour l'expédition de Terre-Neuve. Mais celui-ci, suivant ses conventions avec d'Iberville, devait l'attendre au moins jusqu'à la fin d'août. Il s'empara de plusieurs forts, mais échoua devant Saint-Jean. « Il prétendit que si les Malouins avaient exécuté ses ordres, il aurait enlevé un très grand nombre de navires marchands. Il ne laissa pas d'en prendre environ trente dans le cours de cette expédition, après laquelle il retourna à Plaisance, moins flatté de ses petits succès, que mortifié de n'avoir pu prendre Saint-Jean, et fort piqué contre les Malouins, qui de leur côté se plaignaient beaucoup de lui. » (Charlevoix, *Histoire de la Nouvelle-France*, t. III, p. 276).

après quoy, ces messieurs entrèrent dans le port et y mouillèrent, attendant le *Postillon* ou le *Wesp*, qui leur en apportaient. Mais ces navires n'arrivant que le 10 octobre, ils n'eurent pas le tems de sortir et d'aller joindre le sieur de Brouillan, qui arriva le 17.

Je fus fort mal pendant tout mon séjour à Plaisance, d'une fièvre continue, avec un transport au cerveau. On me croyait déjà mort. Je fus bientôt remis : on ne peut estre mieux soigné que je fus.

Guion arrive de Boston avec ses gens. M. d'Iberville s'appreste pour partir en canot d'écorce prendre Carbonnière, qui, ne se doutant de rien, serait facile à surprendre, et de là, remontant la baie de la Conception par les terres, se jeter à l'improviste une belle nuit sur Saint-Jean, pendant les neiges, dans un tems où personne ne sort en cette isle, n'ayant pas l'usage des raquettes : remettant d'aller à Bonviste au petit printems y guetter les navires marchands.

Le 18, des prisonniers qui arrivent de Saint-Jean nous apprenant qu'il y a à Carbonnière huit navires marchands qui chargent de morue, engagent encore davantage le sieur d'Iberville à prendre ce party.

M. de Brouillan, piqué de n'avoir pas pris Saint-Jean avec les Malouins, tous très mécontents les uns des autres, ne veut pas absolument que le sieur d'Iberville commence par le nord, et veut aller avec luy droit à Saint-Jean, sans quoy il ne veut pas luy remettre les Canadiens. Cette opposition du sieur de Brouillan, imprévue, fait prendre la résolution au sieur d'Iberville de passer en France, et de laisser les Canadiens et ses advances au sieur de Brouillan, et les charges de son entreprise. Tout le monde tascha de les accorder. Les Canadiens disaient qu'absolument ils fuiraient dans les bois, plutôt que d'aller avec M. de Brouillan, de qui MM. le comte de Frontenac et de Champigny, gouverneur et intendant de Canada, ne leur avaient jamais parlé, mais du seul sieur d'Iberville, aux frais duquel ils estaient, et dont ils avaient reçu l'argent : tout ce qui se pouvait justifier par leur chasse-partie. Je taschai de les apaiser, mais en vain, ne voulant point entendre parler absolument de M. de Brouillan, surtout depuis qu'ils apprirent la sévérité avec laquelle il venait d'agir avec les Malouins, qui se plaignaient terriblement de luy à tout le monde.

Les Canadiens prièrent M. d'Iberville de rester à leur teste, sans quoy il arriverait quelque chose de fascheux ; ou au moins qu'il les renvoyât. M. de Brouillan, connaissant la résolution de ces gens, et du sieur d'Iberville, qui estait par les ordres du Roy seul maistre de la guerre d'hyver, que le sieur de Brouillan avait regardée toujours comme chose impossible, luy fit parler par le sieur du Muis (1), capitaine, qui estait venu conduire le détachement canadien à Plaisance, qui luy dit que le sieur de Brouillan ne prétendait rien au pillage de Saint-Jean, ce qui pouvait mutiner ses gens, et qu'il ne voulait qu'avoir l'honneur d'estre à la prise de Saint-Jean ; après quoy il passerait en France, espérant de mieux réussir avec luy qu'avec les Malouins.

Nonobstant tout cela, M. d'Iberville voulait toujours commencer par le nord, où il estait évident qu'on réussirait, au lieu que cela serait douteux (2) si on allait à Saint-Jean, encore alarmé et sur ses gardes, craignant que les navires n'y retournassent en s'en retournant en France. Le sieur d'Iberville, voyant les Canadiens résolus de faire quelque chose de fascheux, disant toujours qu'ils n'estaient venus que pour luy, et qu'il ne les abandonnât pas, consentit enfin de commencer par Saint-Jean avec M. de Brouillan.

J'aurais, je vous advoüe, monseigneur, voulu estre bien loin de tous ces grabuges, estant amy de ces deux messieurs, qui m'ont mil fois fait plus d'honeur que je ne mérite. Nonobstant cela, j'aurais au moins eu autant de peine que le sieur d'Iberville à consentir à tout ce qu'il a accordé au sieur de Brouillan. Dieu soit bény ! ces deux messieurs sont un peu d'accord : mais j'appréhende que cela ne dure pas.

Le sieur de Brouillan part dans le *Profond*, avec le sieur de Muis, à Rognousse, lieu de nostre rendez-vous. Le sieur d'Iberville ne voulut pas prendre ce party, appréhendant un coup de vent, assez fréquent en cette saison, qui le délloquast au large et l'obligeast d'aller en France avec six vingts hommes sur les bras.

Tout le monde icy à Plaisance trouve la résolution du sieur d'Iberville d'aller par terre à Forillon quasi téméraire. A la vérité, M. de Brouillan, par une bonté que je n'ay jamais méritée, me

(1) « Le capitaine de Muys, officier de mérite, et des plus capables qu'il y eût alors dans la colonie. » (Charlevoix, *Histoire de la Nouvelle-France*, t. III, p. 289).

(2) « Et que cela serait douteux. » (Copie Martin).

pressa fortement de m'embarquer avec luy. Je ne pus suivre son conseil, dont je lui suis bien obligé, devant servir d'aumonier en cette guerre aux gens venus de Canada (1), qui, marchant par terre avec le sieur d'Iberville, m'engagent à tenir la même route.

* *

Nous partîmes donc de Plaisance le jour de la Toussaint pour aller au fond de la baie de Plaisance, qui a dix lieues de profondeur.

Le jour des morts, nous montasmes dans les bois environ une lieue et demie. Le lendemain, nous marchasmes tout de bon dans un pays mouillé, couvert de mousse, en laquelle on enfonce (2) jusqu'à mi-jambe, cassant souvent la glace avec les jambes, le tems estant déjà très froid, surtout les matinées. Nous avons marché neuf jours, tantost dans des bois si épais qu'on avait peine à passer, tantost dans ces pays de mousse, passant des rivières et des lacs, assez fréquemment jusqu'à la ceinture dans (3) l'eau.

Le 10, nous arrivons à Forillon, où M. d'Iberville se rend le premier avec dix hommes qu'il prit avec luy.

Ce chemin se peut facilement faire en cinq jours de beau tems. Il nous eût quasi été aussi court d'aller à Saint-Jean tout droit.

Les vivres commençaient à nous manquer depuis deux jours. Nous trouvasmes fort à propos une douzaine de chevaux, qui nous servirent pour vivre jusqu'à ce que nous en eussions du *Profond*, que M. d'Iberville y avait fait embarquer.

Le même jour, au soir, est venue une chaloupe de Rognousse, où le *Profond* est mouillé, que le sieur de Brouillan envoyait pour attendre des découvreurs (4) qu'il avait envoyés à Saint-Jean.

Le 11, le sieur de Rancogne, officier de la garnison de Plaisance, arrive par terre de Saint-Jean à Forillon, avec trois hommes tout mouillés et à demi-morts de faim et de froid : s'ils ne nous eussent trouvés, ils n'auraient jamais vu le lendemain, leur estant impossible de faire du feu. Il revenait de Saint-Jean, qu'il avait été

(1) Ainsi l'abbé Beaudouin était tout spécialement, dans cette expédition, l'aumônier des Canadiens.
(2) « Souvent. » (Copie Martin).
(3) « A l'eau. » (Copie Martin).
(4) Il y a « coureurs » dans la copie Martin.

découvrir avec sept hommes. En sa marche, il prit un anglais qui se sauvant avertit les ennemis, qui donnèrent sur luy la nuit, qui luy ont tué ou pris quatre de ses gens. Ou ces messieurs ne sont pas propres à ces sortes de voyages, ou je dois avoir mauvaise espérance (1) du nostre qui doit estre bien plus long.

Le 12, M. d'Iberville va en chaloupe à Rognousse trouver le sieur de Brouillan, qui veut que le *Profond* vienne à Saint-Jean. M. d'Iberville acheste une barque pour nous porter des vivres, en cas que nous n'en trouvions pas chez les ennemis. M. d'Iberville propose fortement d'envoyer de ses Canadiens à Saint-Jean, ne comptant pas sur la découverte du sieur Rancogne, qui n'a fait que donner lieu aux ennemis de se tenir sur leurs gardes, apprenant nos desseins par un de ses hommes qu'ils ont pris. M. de Brouillan n'en veut rien. Dieu soit bény! Nous boirons tous au mesme verre. Ces deux messieurs se déterminent d'aller en chaloupe jusqu'à Bayeboulle.

M. de Plenne, que le sieur d'Iberville avait envoyé, avant d'aller à Rognousse, avec douze hommes à Cap Reüil, prendre deux hommes qu'on avait découverts, revient avec douze prisonniers en chaloupe et quantité de vivres. Ces gens nous apprennent qu'ils sont cent dix hommes d'icy à Bayeboulle, qui commence à se rebâtir, et qu'ils n'ont perdu quasi que leur maison, qu'ils auront rebâtie au printems, et seront en estat de faire leur pesche : ainsy ce grand armement des Malouins servirait peu, si on ne prenait les ennemis par les bois, ce qui leur oste absolument tout, et ne savent où fuir.

Le 16, le sieur d'Iberville revient à Forillon nous rejoindre.

Le 17, il envoie dans une chaloupe au *Profond* ses prisonniers avec des vivres pour les passer en Europe. Une anglaise se jette malheureusement en mer, et se noye.

Le 19, la chaloupe revient, et la barque, à Forillon.

Le 21, M. de Brouillan arrive à Forillon, sur les quatre heures du soir, avec cent français, qui, à leur mine, ne me paraissent guères propres à la guerre que nous allons faire cet hyver. Il nous apprend que le *Profond* ne venait pas à Saint-Jean, et qu'il partait pour France le lendemain matin; qu'il paraît en panne à deux lieues au large de Forillon, où M. d'Iberville luy envoie ses

____

(1) « Ou je ne dois pas avoir bonne espérance. » (Copie Martin).

lettres, et les miennes, qui ne seront pas longues, n'ayant pas eu du tems pour les faire.

Le 22, les hommes de M. d'Iberville, au nombre de six vingt-quatre gens choisis, parmi lesquels il y a bon nombre de gentils-hommes canadiens, quatre officiers, et autres gens de distinction, refusent la nouvelle proposition du sieur de Brouillan, qui veut absolument tirer moitié du pillage, avec cent hommes, dont très peu paraissent capables de ces sortes de guerre d'hyver, dont mesme il y en a sans armes, et luy disent qu'ils ne seraient pas venus, sy le sieur D'Iberville ne les eust assurés que M. de Brouillan ne voulait avoir aucune part au pillage.

Ce mesme jour, le *Profond* parti, M. d'Iberville, à la teste de ses gens que le sieur de Brouillan avait assemblés, leur lit les ordres de la cour, qui portaient qu'il était seul maistre de la guerre d'hyver : de quoy le sieur de Brouillan se faschant lui enlève son monde, menaçant, avec le sieur de Muis, de tuer le premier qui refusera de leur obéir, et fait reconnaître le sieur de Muis pour (1) leur commandant, disant au sieur d'Iberville qu'il pouvait aller où bon lui semblerait avec ses volontaires. J'y étais allé, appréhendant du bruit, et pour tascher de les accorder, sur ce que tous les Canadiens disaient tous les jours qu'ils n'iraient jamais sous M. de Brouillan, de qui on ne leur avait jamais parlé, mais du seul sieur d'Iberville, pour qui ils estaient venus, comme leur chasse-partie en faisait foy. Après quelque conteste assez forte, le sieur d'Iberville consent à tout, disant qu'il en ferait ses plaintes à la cour, ayant fait deffences à tous ses gens de rien dire; que se voyant les maistres à une coste ennemie étaient à ménager. Je vous advoüe, monseigneur, que je craignais que les choses n'allassent bien loin.

Ces deux messieurs s'estant un peu accommodés et agissant de concert, les gens du sieur d'Iberville le reconnaissant toujours pour leur commandant, nous partismes pour Bayeboulle en chaloupe, distant de Forillon de six lieues, et y arrivasmes tous le mesme jour. Y arrivant, nous prismes un navire marchand d'environ cent tonneaux, dont l'équipage fuit dans les bois avec des habitants de ce lieu, qui commençaient à se rebâtir.

(1) « Comme. » (Martin).

Le 24 au matin, vingt des gens du sieur d'Iberville vont à Saint-Jean pour découvrir ce qui s'y passe.

Autres dix Canadiens, courant les bois çà et là, prennent cinq hommes, l'un desquels est le capitaine de ce navire pris, qui nous apprend qu'il est venu d'Angleterre avec deux navires de guerre de 72 et 50 canons, qui allaient à Saint-Jean, et qu'il y croit à présent, les ayant perdus sur les grands bancs. Cette rencontre n'accommoderait pas le *Profond*.

Le 25, les Canadiens, avec le sieur des Chauffours, homme sage et de cœur, retournent à Ouist lis Baye, et n'y trouvent personne. Six autres Canadiens, courant les bois, font trois prisonniers et une femme. Quatre matelots anglais, qui avaient fui dans les bois, se sont venus rendre.

Deux hommes du party qui estait allé à Saint-Jean reviennent. Le reste demeure proche le petit havre, distant de Bayeboulle de cinq lieues, avec un prisonnier, qui leur apprend qu'il n'y a à Saint-Jean que trois navires marchands. Ils n'allèrent pas plus avant, craignant d'être découverts par leur piste, qui marquait sur la neige de la nuit.

Le 26, après avoir laissé treize hommes à garder les bâtiments, le sieur d'Iberville, deux heures avant le gros, part avec sept canadiens pour se rendre maistre des hauteurs, d'où l'on pourrait découvrir le gros, qui marchait avec le sieur de Brouillan, chacun portant son pacquet sur le dos. Après trois heures de marche, le sieur d'Iberville rencontre ses gens qu'on avait envoyés à Saint-Jean ; et se joignant à eux, arrestèrent trente anglais du petit havre, qui avaient descouvert les nostres. Il les surprit, et donnant dessus, les suivit jusqu'au petit havre, qu'il attaque sur le champ ; et passant la rivière très rapide jusqu'à la ceinture à l'eau, après assez de résistance prend ce havre. Les ennemis y perdirent trente-six hommes. Il fit quelques prisonniers. Le reste gagna vers Saint-Jean. Nous y arrivasmes le soir avec M. de Brouillan, tous bien aises de l'honnêteté des Anglais qui voulaient bien nous donner le couvert dans une saison aussy fâcheuse.

Il y avait dans ce havre soixante assez bons hommes, très bien establis.

Si cela continue, MM. les Plaisantins n'auront pas grande part à cette guerre, n'estant propres qu'à marcher sur la piste des autres.

Le 27, il neige si fort qu'on ne peut partir. Sur le midy le sieur de Montigny, très brave canadien, lieutenant du sieur d'Iberville, entra dans le bois, et prit trois anglais dont il trouva les pistes.

Le 28 au matin, le sieur de Montigny fait l'avant-garde, avec trente Canadiens, marchant cinq cents pas devant le gros. MM. de Brouillan et d'Iberville suivent avec le gros, les gens du sieur de Brouillan à la teste, avec ordre de laisser passer les Canadiens devant, en cas d'attaque. Après deux lieues et demie de marche, nostre avant-garde découvre à la portée du pistolet les ennemis, arrêtés, au nombre de quatre vingt huit, postés à l'avantage dans un bois bruslé, plein de roches (1), derrière lesquelles ils se mettaient à couvert. Nostre avant-garde se croyant découverte (2) fit feu sur les ennemis, qui ne nous croyant que vingt-cinq en tout les reçurent fort bien. Comme nous n'estions pas loin, ces messieurs joignirent bientost, et après avoir reçu l'absolution, chacun jettant son pacquet donna sur l'ennemi, M. de Brouillan les attaquant en teste, et le sieur d'Iberville se jettant sur la gauche des ennemis, d'où les découvrant derrière leurs roches en tua plusieurs. Le reste pliant après demi-heure de combat, le sieur d'Iberville donna dessus, l'épée à la main, avec le peu des siens qu'il avait avec luy, et les suivit battant jusqu'à Saint-Jean environ trois quarts de lieue, où il arriva un bon quart d'heure avant le gros, que conduisait M. de Brouillan.

Le sieur d'Iberville entrant en Saint-Jean avec les ennemis se saisit des deux premiers forts, que les ennemis abandonnèrent, fit trente-trois prisonniers et quelques femmes : le reste se sauva au grand fort, et daus une quaiche qui estait dans le havre. L'épouvante fut sy grande parmy les ennemis, qui se fiaient sur leurs quatre vingt huit hommes, que si le sieur d'Iberville eût eu cent hommes avec luy, il fût entré dans le grand fort avec les ennemis, dans lequel (3) ils sont, au rapport des prisonniers, deux cents hommes fort peu aguerris. M. de Brouillan arrivant avec le gros, le sieur de Muis se campa avec soixante hommes dans le fort le plus proche de celuy des ennemis à la portée d'un canon. Ce fort est palissadé, avec une terrasse de trois pieds de haut, et (4) le

(1) « Rochers. » (Martin).
(2) Les mots « se croyant découverte » ne sont pas dans la copie Martin.
(3) Les mots « avec les ennemis, dans lequel » ne sont pas dans la copie Martin.
(4) Les mots « avec une terrasse de trois pieds de haut, et » sont omis dans la copie Martin.

gros se campa dans les maisons. Le vent estant bon, la quaiche fit voile, chargée de ce qu'il y avait de meilleur à Saint-Jean, avec quatre vingt ou cent hommes. Le trompette du sieur de Brouillan y fut tué à ses costés, trois autres de ses gens y furent légèrement (1) blessés, et deux du sieur d'Iberville.

M. de Brouillan y fit tout ce que peut faire un brave homme. J'étais fort proche de luy : je say ce qui en est. Ses gens, à la vérité, auraient eu besoin d'une ou deux campaignes aux Iroquois pour apprendre à se couvrir en découvrant les ennemis. En vérité, les Canadiens l'emportent : aussi l'apprennent-ils à leurs dépens, depuis longtems, dans la terrible guerre qu'ils ont avec les Iroquois, en laquelle, aussy bien qu'en celle-cy, il vault mieux être tué sur le champ que blessé, vu l'éloignement de tous secours, sans rafraîchissemens, très peu de remèdes pour les blessés, n'en ayant que ce qu'on en peut porter sur le dos avec ses vivres, dans des pays aussi méchans et impraticables comme le sont ceux de cette isle.

L'on envoya sur le champ une prisonnière sommer le fort, qu'on y retint.

Le 29, il neige rigoureusement. Quelques Canadiens entrant dans le bois font huit prisonniers; d'autres se viennent rendre.

Ces messieurs, voyant les ennemis résolus de se deffendre, envoyent à Bayeboulle dix Canadiens chercher les mortiers, les bombes et la poudre que le sieur d'Iberville y avait laissés

La nuit du 29 au 30, les sieurs de Muis et de Montigny vont avec soixante Canadiens brusler les maisons qui estaient proche et au delà du fort. Le sieur d'Iberville estait avec trente des siens proche le fort, pour les soutenir, et le sieur de Brouillan reste au poste advancé, avec les siens.

Le 30, jour de saint André, un homme sort du fort avec (2) pavillon blanc pour parler d'accommodement. Ces messieurs conviennent d'une entrevue. Le gouverneur du fort y vint avec quatre des principaux bourgeois, et ne voulut souffrir personne des nostres (3) entrer dans son fort, se fiant bien en nous, de peur qu'on ne vît le pitoyable estat où il estait réduit. Ils insistèrent un

----

(1) La copie Martin met « également » au lieu de légèrement.

(2) « Avec un pavillon. » (Martin).

(3) « Aucun des nôtres. » (Martin).

peu à voulloir différer de se rendre juqu'au lendemain, espérant
que ces deux (1) navires, qu'ils avaient vus deux jours devant
louvoyer à deux lieues au large de leur havre, eussent le tems (2)
favorable pour y entrer : mais on ne leur voulait donner (3)
aucun délay.

Ils conclurent de rendre le fort le même jour, à condition qu'on
leur donnerait deux navires pour passer en Angleterre, et que
ceux qui voudraient aller à Bonviste pour passer aussy en
Angleterre le pourraient; aussy qu'ils ne seraient pas fouillés : ce
qu'on leur accorda.

La capitulation escrite fut portée au fort et approuvée des
principaux bourgeois. On la rapporta ensuite au camp, où elle fut
signée du gouverneur anglais et du seul sieur de Brouillan, qui
ne la présenta pas seulement au sieur d'Iberville pour la signer,
qui avait au moins eu autant de part à la prise de cette place que
luy. Je vous advoue, monseigneur, que cela me choqua.

Sur le champ, le gouverneur entra dans son fort, d'où il sortit
aussitôt avec sa garnison, composée de cent soixante hommes,
tant maistres qu'engagés pour la pesche, avec les femmes et les
enfants.

Les ennemis n'eurent qu'un blessé dans quelques escarmouches
dans le tems qu'on allait reconnaître le fort.

Ce fort était scitué sur la coste du nord-ouest, à my-coste, commandé par deux hauteurs, toutes deux à une petite portée de fuzil
du fort; il était de figure (4) carré, avec quatre bastions, une
palissade de huit pieds de hault, un chemin couvert, mais pour
lors plein de neige, un pont-levis, avec une terrasse élevée et
épaisse de trois bons pieds; trois cahutes de planches, sans
cheminées; au milieu estait élevée une petite tour, sur laquelle
estaient quatre canons de quatre livres de balles, sous laquelle
tour estait une cave pour mettre la poudre; sans fontaine; à demi-
portée de fuzil d'un ruisseau; n'ayant pas de vivres pour le soir (5)
qu'ils se rendirent; sans bois, dans une aussy fascheuse saison;
avec très peu de poudre; environ deux douzaines de boulets;

(3) « Deux gros navires. » (Martin).
(4) La copie Martin met « vent » au lieu de « tems. »
(5) « Ou ne voulut leur donner. » (Martin).
(1) Les mots « du fort; il était de figure » sont omis dans la copie Martin.
(2) « Jour. » (Martin).

n'ayant pas eu le temps de rien porter à leur fort, dans lequel ils n'entrèrent que lorsqu'ils nous aperçurent, comptant sur leurs quatre vingt huit hommes, qu'ils avaient choisis entre eux tous; environ cent très mauvais fuzils, tels qu'en peuvent avoir des pescheurs et des gens qui n'ont jamais su ce que c'est que la guerre.

Le gouverneur de ce fort était un simple habitant de ce lieu, élevé par les capitaines de vaisseaux anglais: sans soldats et sans commission du roi d'Angleterre.

Ainsy on ne doit pas s'étonner si M. d'Iberville eût esté attaquer Saint-Jean avec son monde, qui tombant la nuit à l'improviste sur ces forts sans hommes dedans pour les garder et sur des maisons éloignées les unes des autres, il les aurait enlevées avec moins de risque que nous n'en courûmes, ayant été découverts.

Saint-Jean est un très beau havre, dans lequel il peut tenir plus de deux cents vaisseaux; l'entrée, large d'une petite portée de fuzil, entre deux très haultes montagnes, avec une batterie de huit canons en ce détroit; les habitants, au nombre de cinquante-huit, très bien establis sur la coste du nord, le long du havre, dans l'espace d'une demi-lieue.

Il y avait trois forts, l'un du costé du bois, à l'ouest, un autre au milieu, qui avait aussy un habitant pour gouverneur, qui fuit d'abord avec soixante hommes, et le troisième était celuy (1) qui nous donna le plus de peine, et où estaient ceux qui capitulèrent. Celuy-cy deffend l'entrée du havre, quoique de loin, sur laquelle il commande absolument et sur une bonne partie des maisons. Tout ce qu'il y avait de meilleur en Saint-Jean estait dans les maisons situées autour du fort; mais on les brûla, par malheur, la nuit de devant la capitulation.

Le 2 décembre, M. d'Iberville envoie le sieur de Montigny avec douze hommes à travers les bois se saisir de Portugal Cove, où il y a trois habitants, scitués à six lieues de Saint-Jean, en la baie de la Conception, et y prendre les fuiars qui s'en allaient à Carbonnière.

Un autre party va à Torbaye, distant par le bois de trois lieues de Saint-Jean, où il y a trois habitans et quantité de fuiars, qu'ils y prennent et amènent.

D'autres se saisirent de Quirividy, distant de trois quarts de

(1) Les mots « était celuy » ne sont pas dans la copie Martin.

lieue de Saint-Jean. Il y avait neuf habitans bien establis .et des fuiars que le sieur de Bois Briant (1), très brave officier (2), prend et amène.

Le 4, deux hommes reviennent, du party de Montigny, qui nous apprennent qu'il a fait trente prisonniers, et trois hommes dans une chaloupe qui arrivaient de Carbonnière scavoir sy les Français avaient pris Saint-Jean, qui disent qu'il y a un navire marchand à Carbonnière, et que la quaiche sortie de Saint-Jean y était arrivée. Tous les jours les Canadiens, faisant de petits partis, ramassent en peu de temps cent prisonniers çà et là dispersés dans des cahutes qu'ils avaient bâties dès l'été, menacés de ce grand armement des Malouins avec M. de Brouillan.

Le 5, le sieur de Montigny revient avec ses prisonniers de Portugal Cove.

Les neiges augmentant tous les jours, nos Canadiens font des raquettes (3).

M. de Brouillan voulant avoir part au pillage de Quirividy, dans la prise duquel aucun de ses hommes n'avait été, non plus que dans aucun party, ne se gagne pas le cœur des Canadiens, surtout n'ayant demandé part que jusqu'à Saint-Jean. Cela ne.le rendra pas, non plus, meilleur amy avec le sieur d'Iberville.

Le sieur de Brouillan propose au sieur d'Iberville de garder Saint-Jean, et d'y laisser le sieur de Muis pour y commander : à quoy le sieur d'Iberville consent, moyennant qu'il le garde avec les soldats de Plaisance. Mais le sieur de Muis, voulant avoir des Canadiens, ne voulut pas y rester, sur ce que le sieur d'Iberville luy dit qu'ayant encore plus de (4) mil hommes à combattre, quoique en différents endroits, il ne pouvait absolument se deffaire de ses cent vingt cinq hommes, ne pouvant prendre avec luy aucun de ceux du sieur de Brouillan, incapables de le suivre à travers les bois sur les neiges, le sieur de Brouillan mesme les renvoyaut en chaloupe. Ce fut sur ce refus du sieur de Muis qu'on conclue de brusler Saint-Jean.

(1) Jacques Dugué de Bois Briant, officier canadien, fils de Sidrac Dugné, qui s'était établi à Varennes. Il devint plus tard commandant aux Illinois.

(2) Ces mots « très brave officier » manquent dans la copie Martin.

(3) Voilà bien, en effet, une industrie tout-à-fait canadienne. La nécessité de marcher sur nos neiges molles et profondes l'a apprise à nos ancêtres.

(4) « Près de. » (Martin).

* *

Le 23 (décembre), après ma messe, estant auprès du feu avec le sieur d'Iberville, M. de Brouillan luy vient dire qu'il venait quasi d'avoir du bruit avec le sieur de Muis, qui n'avait pas voulu convenir avec luy qu'il estait, aussi bien que luy, incapable de suivre le sieur d'Iberville dans des voyages sur les neiges, telle que doit être la guerre qu'il a à faire tout l'hyver, et qu'il le veut ramener à Plaisance, puisqu'on brusle Saint-Jean. M. d'Iberville y consentit avec plaisir, M. de Brouillan lui marquant le désirer.

Le 24, le sieur de Brouillan part pour Plaisance (1) à travers les bois, avec le sieur de Muis, et vingt de ses gens pour conduire des chevaux, qu'ils ne mèneront pas loin, les neiges estant fort hautes. Ils auront beaucoup à tirer, quoiqu'ils passent par le chemin que nous avons tenus venant icy. Il a pris quatre Canadiens pour lui battre le chemin.

Le 26, d'un vent d'ouest, les deux navires partent, l'un desquels est un brûlot que le sieur de Brouillan a retenu pour porter des nouvelles en France, qu'il donna aux Anglais, qui se mettent deux cent trente personnes, pour Angleterre, et l'autre, que nous prismes à Bayeboulle, en lequel on met quarante français et quatre vingts anglais, qui va en France.

Le 27, le sieur de la Perrière (2), canadien, enseigne, fort brave homme, va avec dix hommes, à travers les bois, au cap Saint-François, distant de Saint-Jean par terre de six lieues, où nous apprenons qu'il y a quantité de fuiars, presque tous sans armes.

Le 28, le reste des gens du sieur de Brouillan part pour Rognousse en chaloupe, avec 75 prisonniers qui luy sont eschus en partage. Ils auront une belle chandelle à rendre au Seigneur, s'ils se rendent en cette saison, chacun tirant de son bord, n'ayant personne qui les commande.

Ce même jour, est de retour un party qu'on avait envoyé à Portugal-Cove, sur quelques coups de canon qu'on croyait avoir entendus au large; et n'ont rien découvert.

Le 29, on a destruit la batterie qui estait à l'entrée de ce havre,

(1) Les mots « pour Plaisance » ne sont pas dans la copie Martin.
(2) René Boucher de la Perrière, fils de Pierre Boucher, ancien gouverneur des Trois-Rivières.

et jeté en la mer huit canons de six livres de balles qui y estaient. On pourrait facilement fortifier ce lieu, qui ne peut être forcé par mer, n'ayant point de descente. Il ne pourrait être pris que par terre, mettant pied à terre à une lieue de là, d'où montant la montagne on le pourrait forcer.

Le 30, le sieur de la Perrière est de retour du cap Saint-François et de Tots-Cove, où il a fait treize prisonniers, qui s'y étaient retirés avec plus de vivres qu'il ne leur en estait nécessaire pour leur hyver.

Nous sommes à présent maistres de tous les endroits d'icy au fond de la baye de la Conception, qui est par mer 35 lieues.

Le 2 de janvier, on a bruslé environ quatre vingts chalouppes. On en réserve dix pour conduire en la baye de Plaisance les prisonniers. Il y avait (1) dans ce havre près de deux cents chalouppes pour la pesche.

L'on a aussy démoli le fort et bruslé Saint-Jean, en sorte qu'il ne reste plus que quelques maisons qu'on a gardées (2) pour nos malades, qu'il est impossible d'enlever d'icy à travers les bois.

Le 13, le sieur de Montigny part avec dix hommes alègres pour battre le chemin (3) jusqu'à Portugal-Cove, nos raquettes estant achevées.

Le 14, le sieur d'Iberville part aussy avec le gros. Nous avons eu tout le jour la pluie dans le dos (4), avec nos vivres pour neuf jours.

Le 15, nous séjournons à Portugal-Cove, étant impossible de marcher, la neige tombant à gros flocons.

Le sieur de Montigny, le 16, prend encore le devant, avec trente hommes des plus vigoureux, pour battre le chemin.

Le 17, nous les joignons, faisant en un jour le chemin qu'ils avaient fait en deux avec beaucoup de peine, ayant force neige, dont tous les bois sont couverts, en sorte qu'il est presque impossible de se pouvoir arracher et conduire : le Canada n'a rien de semblable (5).

(1) La copie Martin dit : « Il y a aussi. »
(2) La copie Martin omet les mots « qu'on a gardées. »
(3) Et non pas « les ennemis, » comme dit la copie Martin.
(4) C'est bien « dans le dos, » que les Canadiens disent encore aujourd'hui, et non pas « sur le dos, » comme écrit la copie Martin.
(5) Évidemment l'abbé Beaudouin n'avait pas encore eu le temps de faire connaissance avec nos bons hivers canadiens.

Le 18, les chemins sont si mauvais qu'on ne trouve plus que douze hommes pour battre le chemin. Nos raquettes se brisent sur le verglas, et dans ces roches et bois abattus couverts de neige, posant souvent les pieds à faux. On ne peut, avec tout cela, s'empescher de rire, d'en voir tomber quasi perdus dans la neige, tantost les uns, tantost les autres (1). Le sieur de Montigny, tombant dans une rivière, y laissa son fuzil et son épée, pour n'y pas perdre la vie.

Le 19, enfin, nostre avant-garde arrive au fond de la baie de la Conception, distant par terre de Saint-Jean de 25 lieues. On y prend onze hommes qui y sciaient des planches, dont cinq arrivaient de Carbonnière.

Le 20, le sieur de Montigny alla en chaloupe au Havre-Vieu, à trois lieues par mer du fond de la baie. Il y prit onze hommes chez un habitant qui y est fort bien establi. Il y prit aussy quatre hommes qui y arrivaient de Carbonnière.

Le 21, nous l'y joignîmes avec le gros (2). Le tems nous pressant, et le chemin estant long d'icy à Carbonnière par terre, à cause des fréquentes bayes et rivières qui y sont, M. d'Iberville fait raccommoder des chaloupes pour y aller par mer, n'y ayant que sept lieues, et plus de trente par terre.

Le 23, nous partons tous par mer en trois chaloupes et un esquif. Après trois lieues de marche vent devant, nous aperçûmes de loin quatre chaloupes, qui se doutant que c'estaient les Français, fuirent de loin et portèrent l'alarme partout. L'une estait armée, qui partait de Carbonnière pous tàcher de découvrir nostre marche; car depuis la prise de Saint-Jean ils s'estaient presque toujours doutés qu'on yrait chez eux. On les suivit, mais en vain; et laissant Briges, habitation anglaise assez bien establie, où il y avait environ soixante hommes, descendismes (3) à Port-Grave, que nous prismes. Il y avait cent dix hommes, dont la moitié au moins (4) étaient armés, sans compter les femmes et les enfants.

Cet endroit est fort beau. Il y a dix sept habitations, et environ cent seize hommes, sans compter les femmes et les enfants. Nous

(1) Voilà bien une scène peinte au naturel, telle qu'on peut l'observer encore souvent au Canada.

(2) Les mots « avec le gros » sont omis dans la copie Martin.

(3) La copie Martin met « nous descendimes. »

(4) Les mots « au moins » ne sont pas dans la copie Martin.

trouvasmes en ce lieu vaches et moutons. M. d'Iberville se voyant découvert aurait donné droit à Carbonnière, sans qu'il appréhendait de trop laisser de gens derrière luy armés. Il désarma tous ces gens, et envoya un de ses gens sommer ceux de Briges, avec ordre aux trois principaux de le venir trouver à Carbonnière avec toutes les armes du lieu.

Le 24, laissant tous ces gens désarmés chez eux, ne nous pouvant pour lors charger d'un si grand nombre de prisonniers, qui n'estaient pas à craindre, estant désarmés, le sieur de Montigny fut détaché à la pointe du jour avec cinquante hommes en trois chaloupes pour se saisir d'un petit havre nommé Mousquit, situé entre le Havre-de-Grâce et Carbonnière; et sur les neuf heures nous partismes aussy en cinq (1) chaloupes pour Carbonnière. Passant devant la pointe de l'isle de Carbonnière, nous vismes les ennemis rangés en bon nombre, qui nous tirèrent quelques coups de canon.

Sur cette isle se sont retirés ceux de Carbonnière, du Havre-de-Grâce, de Mousquit, d'autres petits havres, et les fuiars de Saint-Jean. Ils paraissent bien estre deux cens hommes, déjà tous logés dans des baraques qu'ils ont faites depuis qu'ils se doutent qu'on ira.

Nous nous rendismes à Carbonnière sur les trois heures après midy. Nous rencontrasmes le sieur de Montigny à terre, qui avait fait à son arrivée quelques prisonniers, et tué d'autres qui fuiaient en chaloupes, et fit courir après d'autres qui gagnaient à travers le bois à (1) Vieu-Perlican, distant par terre de Carbonnière de six lieues.

Ce mesme jour, l'on somma les gens de l'isle, qui répondirent qu'ils se voulaient battre. Si cette isle est telle que nous la dépeignent les prisonniers, je crains fort que nous ne la prenions pas. Elle est escarpée de tous costés, à la réserve d'un petit (1) débarquement qui est à la pointe de l'ouest, à la portée de pistolet d'un retranchement de chaloupes qu'ils ont fait, où ils ont quatre canons de six livres de balles. Ajoutez à cela qu'on (2) ne peut débarquer en cet endroit (1) que deux chaloupes à la fois, et dans un calme qui n'est pas fréquent en cette saison. Tout cela joint ensemble me fait douter de sa prise, quoique tous nos gens soient

(1) Les mots « cinq; — à; — petit; — en cet endroit » ne sont pas dans la copie Martin.

(2) « Qu'il. » (Martin).

fort résolus d'y aller et ne respirent que cela. Assurément nous le prendrons, si nous y pouvons mettre le pied : l'épouvante est terrible parmy les ennemis, qui regardent quasi comme des diables les Canadiens, qui font des cents lieues pour les venir attaquer sur les neiges à eux impraticables. Dieu soit bény! Il en sera tout ce qui luy plaira.

Le 25, un party va et revient du Havre-de-Grâce, qui y (1) a fait trois prisonniers et pris (1) un Trembladais religionnaire.

Les habitants de Briges sont aussy venus, et huit Irlandais catholiques, que les Anglais traitent icy comme des esclaves.

Deux matelots de la Tremblade, prisonniers au Havre-de-Grâce (1), s'étant voulu sauver en chaloupe, se sont apparemment perdus; car nous n'avons aucune nouvelle d'eux.

Le 26, quelques prisonniers, sous promesse d'une somme d'argent, découvrent deux autres endroits où l'on peut débarquer, et monter la coste deux hommes de front. Sur cet advis, l'on se résoult d'y aller, au premier calme, qui est absolument nécessaire, la mer battant au pied de ces débarquements.

Le 27, le calme ne venant pas, le sieur d'Iberville envoie, par une neige fort espaisse (2), sommer l'isle, à dessein d'examiner si ces gens disent vray. Ils examinent ces endroits, qu'ils trouvent plus faciles qu'ils n'estaient en effet. Les gens de l'isle leur firent défense de retourner.

Le 28, gros vent. M. d'Iberville fait brusler le Havre-de-Grâce, qui est un lieu fort bien estably. Il y a quantité de bestiaux, que les habitants n'ont pas eu le tems d'emmener à l'isle. Ce havre est le premier estably par les Anglais en l'isle de Terre-Neuve. Il mourut icy un habitant, il y a trois ans, né en ce lieu, âgé de quatre-vingt-trois ans (3).

Le 29, l'on renvoie les députés de Briges chez eux fort contens. Le mesme jour, le sieur de Plenne (4), avec un party de Canadiens, entre dans le bois, d'où il amène 25 fuiards.

Cette coste de la baye de la Conception est bien mieux establie

(1) Les mots « y ; — pris ; — au Havre-de-Grâce » ne sont pas dans la copie Martin.

(2) « Par une forte neige. » (Martin).

(3) Cet Anglais serait donc né à Terre-Neuve en 1600.

(4) Bernard D'Amours, sieur de Plaine, fils de Matthieu D'Amours des Chauffours, conseiller au Conseil Supérieur de Québec.

et plus peuplée que celle de Rognousse à Saint-Jean ; mais l'on ne trouve rien dans ces maisons, ayant tout caché dans le bois et les isles de cette baye avant les neiges, ce qui fait qu'on ne peut découvrir leurs pistes.

Le 30, la mer se calme. L'on se prépare d'aller à l'isle (1). Deux chaloupes, sur le minuit, vont reconnaître la mer, qui nous rapportent que le ressac est toujours gros à l'isle (2), et qu'on n'y peut débarquer.

Le 31, la mer calme. Il a verglacé toute la nuit. M. d'Iberville va à l'isle sur le minuit avec quatre-vingt-dix hommes en cinq chaloupes. On tente ces deux débarquements aux bouts de l'est et du nord de cette isle. A la portée du pistolet, un sentinelle, d'une voix fort tremblante, demande : Qui vive ? Le sieur de Montigny estait desjà à toucher de la main à l'isle, devant débarquer le premier, et les autres le soutenant tous à la portée du pistolet de cette isle, chacun taschant à débarquer, mais en vain. Le sentinelle voyant que nous nous retirions tira sur nous, sans blesser personne. Le corps de garde ne vint que lorsque nous nous estions desjà un peu retirés. Nous tentasmes encore un autre endroit ; mais le verglas rendait la descente impossible avec le ressac qui était gros : j'y estais, et je m'en crois. Dix hommes à terre auraient mis l'épouvante parmy ces gens (2). Peut-être y pourrait-on descendre l'été, que la mer est tout-à-fait calme, et le ressac moindre.

Le 1er febvrier, M. d'Iberville fait en chaloupe le tour de l'isle. Il a découvert encore, du côté de l'ouest, un autre endroit, que les ennemis ont fortifié, et où peut être le quart de leur monde, qu'on ne peut risquer de forcer, sans être fol (2), n'ayant que cent deux hommes, avec lesquels il a encore beaucoup de lieux à prendre.

Le sieur de Bois Briant estant entré dans le bois fît plusieurs prisonniers.

Le sieur de Plenne, allant vers Saumon-Cove, distant de Carbonnière de trois lieues au nord (2), a amenés vingt hommes cachés dans le bois : l'un desquels est le second gouverneur de Saint-Jean,

---

(1) « A aller à l'isle. » (Martin).

(2) Les mots suivants manquent dans la copie Martin : « à l'isle ; — parmy ces gens ; — sans être fol ; — au nord.

qui fuit à notre arrivée à Saint-Jean. Il n'a de bras et de pied que pour fuir.

Le 2, le sieur de la Peirade, canadien, sous-lieutenant, brave homme, va à Port-Grave, avec un détachement, tenir en leur devoir ceux de ce havre et de Briges, et les empêcher d'aller à l'isle.

Le 3, le vent sud-ouest, j'allay avec M. d'Iberville, qui menait cinquante hommes en trois chaloupes, prendre Baye-Ver, à dix lieues au nord de Carbonnière, situé en la pointe des deux bayes de la Trinité et de la Conception. Nous partismes à nuit fermante, et débarquasmes à la pointe du jour (1) à trois lieues en deça Baye-Ver, à la coste, de peur d'estre découverts. La nuit a esté très froide. Un de nos gens (2) a eu les doigts d'un pied gelés. Nous avons marché par les bois vers Baye-Ver. Sur le midy nous découvrons deux hommes. Les meilleurs de nos coureurs donnent dessus, et les prennent, sans en être découverts que lorsqu'ils les prirent. Sur ce qu'ils nous dirent qu'il y en avait encore trois qui marchaient (3) devant eux, qui s'en allaient au Vieu-Perlican, où il y avait plusieurs chaloupes prestes à partir, nous allasmes droit à ce lieu. En chemin, nous prismes sept hommes qui en venaient, qui nous assurèrent que nous n'estions pas découverts. Estant tout proche, on les somma de se rendre à discrétion, ce qu'ils firent sur le champ sans aucune résistance. On désarma quatre vingts hommes qu'on y trouva, et qu'on garda pendant la nuit, à la réserve de deux, que M. d'Iberville envoya à Baye-Ver, assurer ceux de ce lieu qu'ils auraient mesme quartier.

Deux des principaux habitants revinrent dans la mesme nuit par terre, au clair de la lune, n'y ayant que deux lieues, se rendre cautions pour leurs confrères. Trente ou quarante des plus alertes se sauvèrent dans les bois, et en chaloupe en la baie de la Trinité, où plusieurs sont desjà allés avec ce qu'ils ont de meilleur. Il y a dans ce havre quatorze bons (3) habitants bien establis et cinquante bons hommes.

Le 6, le sieur d'Iberville alla à Baye-Ver, et y trouva les

(1) Au « point du jour. » (Martin). — Les Canadiens disent généralement encore aujourd'hui « à la pointe du jour. »

(2) « Un de nos hommes. » (Martin).

(3) Les mots « qui marchaient » manquent dans la copie Martin, ainsi que le mot « bons. »

habitants fort soumis. Il y prit une chaloupe de six hommes de ce havre qui arrivaient de l'isle de Carbonnière, où ils avaient été envoyés pour scavoir s'ils s'y pourraient tous rendre avec leurs familles et leurs biens. Sur le champ, le sieur de Bois Briant partit en chaloupe avec les principaux de ce lieu, qu'il mène à Carbonnière, et laisse les autres dans leurs maisons sans leur rien prendre, n'ayant pour lors de lieu propre à mettre une sy grande quantité de monde.

Tous ces gens partis avec dix français, le sieur d'Iberville revient à Vieu-Perlican, où son monde l'attendait. Ce lieu est très bien estably. Il y avait dans ce lieu dix-neuf habitants, plusieurs magasins de morue, plus de trente bestes à cornes, des moutons et cochons en quantité. On prit quelques-uns de ces gens avec nous, et on laissa les autres très contens d'avoir été si bien traités, et arborant avec plaisir le pavillon français partout où nous passions.

Nous en partismes le 7, et vinsmes à six lieues de là par terre, dans la baie de la Trinité, à un havre nommé Anse Arbre. Tous les habitants en avaient fui avec leur butin. Nous n'y trouvasmes que de la morue et des vaches. Il y a quatre bons habitants dans ce lieu.

Le 8 au matin, nous partons pour Celi-Cove, à deux lieues d'icy. Il n'y avait personne : pour de la morue et des bestiaux, en quantité. Il y a dans ce havre quatre bons habitants. La pluie nous oblige de coucher icy.

Le 9, nous allons à Vieu-Perlican, à deux lieues d'icy. Nous n'y trouvons que deux habitants. Les autres ont fui, ou sont allés au Havre-Content, à deux lieues d'icy, où les habitants ont fait un petit fort, dans lequel ils se sont retirés. Ce havre de Vieu-Perlican est fort beau : de gros navires y peuvent entrer. Il y a neuf habitants, et quantité de bestiaux.

Nous partons sur le champ pour aller à Havre-Content, où estant arrivés nous découvrons une maison fortifiée à l'épreuve du mousquet, couverte de planches, avec des meurtrières en haut et en bas. On les somma d'abord. Un Irlandais qui y commandait nous vint trouver aussitôt et nous dire qu'ils estaient prêts à se rendre, pourvu qu'ils eussent la vie sauve, ce qu'on leur accorda, à trente hommes qui y estaient, avec les femmes et les enfants et quantité de vivres. Nous entrasmes dans ce fort, dans lequel on laissa M. des Chauffours pour y commander, avec dix hommes; et le lendemain nous partons pour Carbonnière à travers les bois.

Il y a de fort mauvais chemins; de l'eau presque toujours jusqu'à mi-jambes, qui n'est pas trop chaude en cette saison. A notre arrivée, nous apprenons que ceux de Carbonnière ont pris un de nos français et trois irlandais qui avaient pris party avec nous : un quatrième se sauva. Ces gens amenaient de Port-Grave ce français malade.

Le 11, les sieurs de Montigny et de Bois Briant vont avec quarante-cinq hommes brusler Port-Grave, Briges et autres habitations, et en amener les habitants, dont plusieurs avaient encore des armes et se voulaient jeter à l'isle, contre la parole qu'ils avaient donnée. Pendant leur voyage, le sieur d'Iberville fait accommoder (1) des chaloupes pour faire partir tout son monde après le retour de ces messieurs.

La viande fraische ne nous manque pas icy. Nous mangeons des vaches de ce havre et de Hàvre-de-Grâce, qui y estaient en grande quantité.

*
* *

Havre-de-Grâce a quatorze habitants, et Carbonnière vingt-deux, tous très bien establis, les mieux bàtis de toute Terreneuve. Nous n'y trouvons que des magasins de morue, d'huile et pain; point de meubles. Ces deux endroits fournissaient aux autres habitations anglaises tous leur besoins : ce qui y attirait un grand trafic. Il s'y trouve des gens de cent mil livres de bien, mais ils ne les ont pas laissées icy.

Ces deux lieux sont situés au nord-ouest de la Baie de la Conception sur des coteaux assez jolis. Dans Carbonnière, le vent du large y donne à plein, et c'est plutôt une rade qu'un havre. Havre-de-Grâce est beau : il y a seulement des battures à l'entrée, du costé du nord; mais sans vent dans ce havre.

Le 17, on a envoyé à l'isle pour faire échange : ce que les ennemis ont refusé.

Le 18, les sieurs de Montigny et de Bois Briant arrivent avec les

(1) « Apprêter. » (Martin).

habitants de Briges et de Port grave et autres, d'un très mauvais temps.

L'on envoie un anglais de rechef demander à échanger : les ennemis demandent un anglais pour le français, et trois pour chaque irlandais : ce qu'on leur accorde.

Le sieur de Plaine passe en chaloupe à Portugal-Cove, pour de là gagner par les bois Saint-Jean, y prendre huit français que nous y avions laissés malades. Il doit les mener en chaloupes à Plaisance, avec soixante anglais que nous y avions laissés, ne nous ayant pu suivre, nous contentant de faire suivre ceux qui auraient été capables d'entreprises.

On a encore un pourparlé avec les ennemis, avec qui l'on convient du lieu de l'échange, qui est hors la portée du canon de l'isle et de terre, environ à moitié chemin. Le sieur de Montigny s'y rend avec cinq français et le nombre d'anglais que demandaient les ennemis, l'un desquels était le frère du commandant de l'isle, qui aimait mieux rester avec nous la vie sauve, que de la risquer de nouveau dans l'isle. Sur le champ, un esquif part aussy de l'isle avec six hommes seulement. Le sieur de Montigny leur demandant pourquoi ils n'avaient amené nos gens comme il avait fait les leurs, ils n'eurent que de mauvaises réponses (1), disant qu'ils voulaient voir les gens qu'on leur rendait.

Après quelques parolles, ils demandèrent que le frère de leur commandant allât à l'isle, et qu'ils le ramèneraient, ce que le sieur de Montigny ne voulut pas, mais leur dit qu'il pouvait venir à luy et qu'il l'attendait; sur toutes choses, qu'ils amenassent nos gens; qu'on ne se moquait pas des officiers du Roy. Ils retournèrent à leur isle. Le commandant, le capitaine et le major reviennent avec quatre anglais. Le sieur de Montigny se voyant ainsi joué, leur reprocha leur manque de parole, qu'il avait bien voulu leur amener le frère de leur commandant, quoique par force, comme ils l'apprenaient de luy-mesme, et qu'ils ne se moqueraient pas en vain des officiers du Roy. Un officier anglais fit quelques signes de son sabre : sur quoy le sieur de Montigny, qui avait aussy le sien, le saisit, et fit entrer ces officiers anglais dans sa chaloupe, et les amène à terre avec leur canot. M. D'Iberville, à leur arrivée, leur reproche leur manque de parole, et qu'il les retenait. Ils firent

(1) « Raisons. » (Martin).

réponse qu'ils n'estaient pas les maistres à leurs isles, et qu'on n'avait qu'à les renvoyer, et que l'eschange se ferait; comme s'ils eussent eu plus d'autorité sur leurs gens qu'auparavant.

Ils envoyèrent de leur part des prisonniers à l'isle, qu'on y retint presque tous, menaçant de faire feu sur ceux qui y retourneraient. On a retenu ces messieurs avec nous, pour leur apprendre les manières françaises, qui ne scavent ce que c'est de manquer de parolle.

Le 14, deux sauvages conduisent à travers les bois ces trois messieurs à Havre-Content.

Le 15, le sieur D'Iberville fait partir pour Plaisance trois charois, l'un desquels se perd à Portugal-Cove : tous les hommes s'en sauvent.

Le 28, nous partons pour Havre-Content, avec les prisonniers anglais, après avoir presque tout bruslé Carbonnière. Le sieur de Montigny y reste avec quarante hommes qu'il conduisait en chaloupe à Havre-Content, après avoir bruslé ce qui avait resté à Carbonnière.

Nos quatre hommes que le sieur de Brouillan avait pris pour le conduire de Saint-Jean à Plaisance sont de retour, qui nous apprennent que le sieur de Brouillan n'a esté par terre que jusqu'à Baye-Boulle, où il s'est embarqué avec son monde, et qu'ils ont mené les sieurs de Muis et le major de Plaisance à travers les bois, qui s'en sont assez bien tirés, non sans beaucoup de peine.

Le 1er mars, M. D'Iberville laisse ordre aux sieurs de Montigny et de la Perrière de se rendre à Baye-Boulle, havre qui est au fond de la Baie de la Trinité, avec tous les prisonniers, environ deux cents des meilleurs, et laisser le sieur de Bois Briant à Havre-Content avec un détachement qui irait sans cesse à Carbonnière voir ce qui s'y passerait.

Après quoy, le même jour, je partis (1) avec luy et cinq hommes pour Plaisance à travers les bois, qui y allait chercher des nouvelles de France, et moy des hosties.

En chemin, nous avons trouvé trois anglais avec cinq fuzils. On en a cassé quatre, leur en laissant un, parce qu'ils n'avaient pas beaucoup de vivres; et nous ne les pouvions mener avec nous sur les neiges.

____

(1) Et non pas « il partit », comme dans la copie Martin.

Nous nous rendismes le quatrième jour, de bonne heure. A la vérité, nous marchions bon pas; mais l'on peut aller facilement, par les bois, de Carbonnière à Plaisance en quatre jours, n'y ayant que vingt-cinq lieues au surouest. Ce chemin était impratiticable, au rapport des messieurs de Plaisance! A la vérité, il n'est pas si bien que de Paris à Versailles...

Pendant notre séjour à Plaisance, il a fait très froid : nous en eusmes notre bonne part pendant notre marche : nous trouvasmes le havre de Plaisance gelé à porter des charrettes.

Le 19, les glaces se sont brisées. Je suis party avec M. D'Iberville en chaloupe pour aller au fond de la baye de Cromoüel, à quinze lieues d'icy dans la baie de Plaisance. Du fond de cette baye à Baye-Boulle, qui est aussy le fond de la baie de la Trinité, il n'y a qu'une demi-lieue de bois à traverser, au lieu qu'en faisant le tour par la coste de Saint-Jean il y a près de cent cinquante lieues.

Le 23, nous rencontrasmes le sieur de la Perrière qui nous venait chercher en la baye de Cromoüel, qui s'estait rendu avec cinq chaloupes et soixante anglais à Baye-Boulle. Depuis notre départ de Havre-Content (1), estant allé découvrir à Carbonnière, il y tua onze hommes qui estaient descendus de l'isle (1), avec trois femmes, qu'il prit.

Le 20 *(sic)*, le sieur de Montigny est arrivé avec le reste des prisonniers, et vingt Irlandais qui ont pris party avec nous.

Le 26, le sieur de la Perrade conduit les prisonniers par terre dans une isle située dans la baie de Plaisance, à trois lieues d'icy. Cette isle est à cinq cents pas de la terre ferme : elle a demi-lieue de tour, et assèche à marée basse environ huit pas de large. Il y reste avec un détachement pour les garder.

Le 27, ces officiers anglais prisonniers (1) promettent de faire rendre l'isle de Carbonnière et d'obliger ceux qui y sont de reconnaître le roy de France, pourvu qu'on leur permette de pescher pendant l'été. Sur cette proposition, le sieur D'Iberville les y envoie, avec le sieur de Montigny, qui en laisse aller un à l'isle, les deux autres s'obligeant de payer dix mil livres s'il ne revient pas. Il retourne, à la vérité; mais son voyage est sans effet. Ces

(1) Les mots « de Havre-Content; — de l'isle; — prisonniers, » manquent dans la copie Martin.

messieurs offrent dix mil livres pour avoir leur liberté : ce qu'on leur refuse.

Le 28, j'allai avec les sieurs de la Perrière, des Chauffours et Bienville (1), et quarante hommes, à la baye de la Sonde, située au nord de la baie de la Trinité, à quinze lieues de Baye-Boulle, prendre les fuyards, qui y estaient allés de plusieurs endroits. Nous y avons pris quarante bons hommes, dont quelques-uns estaient armés. On a aussy bruslé deux habitations situées au havre de la Trinité, dans l'une desquelles on prit six hommes : ceux de l'autre avaient fui.

Le même jour que (2) nous partismes de Baye-Boulle, le sieur D'Iberville est parti aussy pour Plaisance pour avoir des nouvelles de France, et ramener avec soy le sieur de Plaine, qui avait avec luy dix-neuf hommes, qu'il croyait arrivé à Plaisance de son voyage à Saint-Jean ; avec lesquels il doit revenir pour aller prendre Bonneviste avec cent hommes. Cette habitation est la dernière qui reste aux Anglais entière dans l'isle de Terreneuve, toutes les autres estant bruslées. Elle est scituée au nord de la baie de la Trinité, à trente lieues de Baye-Boulle : on y compte environ trois cents hommes et quarante habitants à leur aise.

Nous avons esté de retour à Baye-Boulle le 8 avril, et le sieur de Montigny le 10, qui ne fit rien du costé de Carbonnière.

Le 12 (avril), nous partons soixante hommes en chalouppes pour aller au vieux Perlican et à Baye-Ver, à dessein d'en punir les habitants, qui, contre leur parolle, avaient pris les armes et allaient sans cesse à l'isle de Carbonnière : ce qu'on leur avait surtout deffendu.

Le 13, au soir, nous arrivasmes au vieux Perlican, où nous trouvasmes un bastiment de soixante tonneaux chargé de vivres, qui venait d'Angleterre. Mettant pied à terre sans être découverts, y arrivant de nuit, nous apprismes de quelques habitants qu'onze de leurs gens s'y estaient embarqués, armés pour le deffendre si nous y arrivions. A la petite pointe du jour, quatre chalouppes armées l'allèrent enlever, après beaucoup de résistance : il avait trois canons, dix-huit hommes et douze fuzils.

(1) Jean-Baptiste de Bienville, frère de D'Iberville, le futur gouverneur de la Louisiane. Il n'avait alors que seize ans.

(2) Le mot « que » manque dans la copie Martin.

Pendant qu'on attaquait ce bastiment, des habitants allèrent à Baye-Ver avertir un petit bastiment qui y arrivait; qui fuit aussytost; et presque tous les bons hommes fuirent à l'isle de Carbonnière. Ce manque de parolle en ces deux endroits fut suivi de l'incendie de leurs maisons. Nous en tirasmes soixante bons (1) hommes, que nous emmenasmes à Baye-Boulle.

Le sieur de Bois Briant, qu'on avait laissé dans le fort de Havre-Content avec vingt hommes qui allaient sans cesse à Carbonnière, sortant de ce fort, on y mit le feu; et ces fréquents partis du costé de Carbonnière sont cause que personne ne met pied à terre de l'isle qu'ils ont toute désertée. Je crois qu'ils y féront leurs dégras, n'osant le faire à terre, ce qui leur sera d'un grand préjudice.

Le 15, un Irlandais se sauva à la nage de l'isle de Carbonnière, et nous vint trouver par les bois à Havre-Content, les pieds gelés, après avoir passé trois jours sans manger et sans feu! Le bon Dieu le conduisit à cet endroit, n'y ayant jamais esté. Il nous apprend qu'ils sont près de trois cents hommes sur cette isle, où se rendent tous les jours les Anglais qui sont épars çà et là dans les bois; et mesme des prisonniers ont fui de Plaisance, où ils ne sont point gardés (1), n'y ayant pas de prison pour les mettre, qui s'y sont aussi rendus. C'est à cette isle que doivent arriver les huit gros navires de guerre et deux galiottes, et y prendre ce qu'ils y trouveront de monde pour aller rendre la pareille à Plaisance.

Le 15, le sieur de Plaine arrive enfin de son voyage de Saint-Jean. Il a amené avec luy quelques effets abandonnés à Saint-Jean, et d'autres qu'il a découverts de nouveau dans des caches dans le bois; il en a laissé encore beaucoup, qu'on laisse au sieur de Brouillan, s'il les veut aller chercher : mais le feu ne vaudrait pas la chandelle; outre que la saison est trop avancée.

Je crois qu'il y a des navires à la coste, si les ennemis pensent à la rétablir.

*
* *

Nouveau sujet de querelle : le sieur de Brouillan veut avoir moitié dans ce que le sieur de Plaine amène de Saint-Jean. Plût à

---

(1) Les mots « bons; — où ils ne sont point gardés, » manquent dans la copie Martin.

Dieu qu'il n'eût pas fait le voyage! Bonneviste serait à nous. Le sieur D'Iberville consent à la proposition du sieur de Brouillan, attendant justice de la cour. Les gens du sieur D'Iberville s'y opposent et n'en veulent rien, disant que le sieur de Brouillan envoie chercher ce qu'ils ont laissé à Saint-Jean, ou qu'il leur paye trois mois de temps qu'ils ont esté à faire ce voyage, ce qui me paraît fort (1) raisonnable. Je vous diray devant Dieu, monseigneur, que l'intérest fait faire bien des choses au sieur de Brouillan qui ne sont pas à faire. J'aurais peine à le dire à d'autres, quoique cela soit assez (2) connu de tout le monde. Si Votre Grandeur eût bien sceü toutes choses, j'aurais eu peine à croire qu'Elle eût pris si fortement son party contre les Malouins, comme me (2) l'a dit depuis le sieur de Saint-Ovide (3), et le sieur de Brouillan mesme, de qui je reçois tous les jours mil honnestetés. Je ne crois pas qu'il ait lieu de n'estre pas content de ma conduite à son esgard : que cela soit dit en passant :

Auri sacra fames, quid non mortalia pectora cogis?

Il ne reste plus rien à Saint-Jean : le sieur de Plaine a achevé d'y tout brusler.

On se prépare pour aller à Bonneviste. On n'attend plus que l'arrivée du sieur D'Iberville, qu'on attend tous les jours. Ce qui le fait rester à Plaisance est pour avoir des nouvelles de France, avant lesquelles il ne veut partir, appréhendant que les navires qu'il a demandés n'arrivent dans son absence, et ne soient trop longtemps inutiles, si nous estions longtemps à notre voyage de Bonneviste, qui ne peut être prompt, ayant près de cent lieues à faire par mer, où l'on n'a pas toujours le temps (4) bon. C'est ce qui luy a fait remettre ce voyage jusqu'à ce qu'il aye reçu des nouvelles de la cour, qu'il attend de jour en jour. Ce qui me paraist un peu surprenant, est qu'il n'en aye pas encore reçu, y ayant plus de vingt navires arrivés de France.

---

(1) La copie Martin met « plus » au lieu de « fort. »

(2) Les mots « assez » et « me » ne se trouvent pas dans la copie Martin.

(3) Lieutenant de roi à Plaisance, plus tard gouverneur de l'île Royale ou Cap-Breton. Il était neveu de M. de Brouillan.

(4) La copie Martin met « vent » au lieu de « temps. »

* *

Le 18 may, le sieur de Sérigny arrive avec sa flotte, qu'il remet (1) au sieur D'Iberville, qui ne va plus (2) à Bonneviste, et fait venir son monde qui l'attendait au fond de la baye de la Trinité, et le reste des prisonniers qu'il a là. Il s'en sauve tous les jours de Plaisance à travers les bois : on ne sait où les mettre : on les laisse quasi sur leur bonne foy, ne leur donnant cependant de vivres que pour un jour, qui sont très rares en ce lieu.

Le passage de Plaisance aux costes ennemies par terre, qui paraissait impossible aux Plaisantins avant que nous y eussions passé, paraît à présent si peu de chose, que trois anglaises prisonnières du sieur de Brouillan l'ont entrepris pour se rendre par terre à Carbonnière ou à Forillon. S'il se sauve des femmes, jugez, monseigneur, ce qu'il peut rester d'hommes, qu'on ne garde pas plus étroitement. A la vérité, il serait difficile de faire autrement. Je ne doute pas qu'il n'en crève beaucoup dans les bois; mais sans difficultés beaucoup se rendront, qui ne seront guère mieux, s'ils ne trouvent de leurs navires, toutes les costes étant détruites.

A la vérité, cette traverse ne paraissait impossible qu'aux Français, — je le dis à la honte de notre nation — qui nous regardaient quasi comme péris, lorsque nous partismes l'automne dernier. Sur cette prévention, les sieurs de Brouillan et de Muis, qui l'auraient bien faite assurément, car ils sont vigoureux, s'embarquèrent pour aller à Forillon, ne se voulant pas risquer avec le sieur D'Iberville. Je ne les blâme pas en cela; ils n'en jugeaient que par ce qu'on leur en disait.

Les Anglais ne la regardaient pas de la mesme manière : ils connaissent parfaitement toute (3) cette isle par les terres, mesme ce qui est aux Français, car ils nous guidaient partout où nous allions par les bois, soit le long des costes, où plus de cent cinquante lieues de long ils ont des chemins battus, allant quasi d'une habitation à l'autre à cheval dans toute la partie de l'isle

---

(1) Et non pas « ramène, » comme dit la copie Martin. M. de Sérigny, frère de D'Iberville, arrive de France avec les vaisseaux que le roi lui envoie pour aller à la baie d'Hudson, et il les *remet* à son frère, qui doit être le chef de l'expédition.

(2) Au lieu de « pas, » dans la copie Martin.

(3) Le mot « toute » est omis dans la copie Martin.

qui leur appartenait, soit que nous allassions dans la profondeur
des bois de cette isle, où ils sont tous les automnes à la chasse
jusqu'aux portes de Plaisance. Ce fut à huit à dix lieues d'icy, dans
la baye mesme de Plaisance, que des Anglais, étant venus à la
chasse comme ils avaient de (1) coutume, apprirent des Français,
qu'ils obligèrent de leur dire les nouvelles de Plaisance, qu'il y
avait 150 Canadiens avec des sauvages qui leur allaient faire la
guerre l'hyver, ce qui donna l'alarme à ces anglais, et les fit sur le
champ retirer chez eux. Nous avons pris ces anglais, qui nous ont
dit tout cecy. Ils sont plus de deux cents chasseurs anglais qui
passent tous les hyvers dans les bois, qui y tuent castor, loutre,
cerf et ours, en un mot toutes les bestes sauvages de cette isle.

Ces chasseurs sont, à la vérité, bons tireurs, et marchent assez
bien. Au rapport des Français de cette isle qui les craignaient,
n'estant pas dixième partie des ennemis, ces gens nous devaient
faire beaucoup de mal. Dieu les en a bien voulu empescher. Ils
n'ont de cœur que pour courir sur des bestes sauvages; car, à dire
vray, il suffisait de se montrer pour les faire fuir. Je n'ay jamais
vu mieux accomplir ce que Dieu dit de la protection qu'il donne
à ceux qui le servent, « qu'un seul en fera fuir cent (2). » A la fin
de l'hyver, à six vingt cinq hommes que nous estions, nous avons
plus de sept cents prisonniers, sans compter près de deux cents de
tués, sans avoir eu que deux blessés. J'en bénis le Seigneur : aussy
puis-je dire à Vostre Grandeur que la plus part de nos gens avaient
la crainte de Dieu (3).

L'on ne peut rien voir de semblable à la vie abominable que
mènent les Anglais de ces costes. Imaginez-vous, monseigneur,
qu'ils n'avaient pas un seul ministre en de si beaux establisse-
ments, dont près (4) de vingt estaient plus peuplés que Plaisance;
ne scachant pas de quelle religion ils estaient, la plus part nés en
ce pays, qui n'ont jamais été instruits, ny fait aucun acte de
religion; pires que des sauvages. L'ivrognerie et l'impureté y sont
parmy les femmes mesmes, toutes publiques, et peu en sont
exemptées, sollicitant mesme nos gens au mal. C'est une véritable
punition de Dieu. Ils se disaient eux-mesmes qu'ils estaient

---

(1) Le mot « de » est omis dans la copie Martin.
(2) *Cadent à latere tuo mille.* (Ps. 90, v. 7).
(3) Quel beau témoignage pour la petite armée de D'Iberville !
(4) La copie Martin met « plus » au lieu de « près. »

surpris de ce que si peu de monde que nous estions leur faisions tant de peines.

J'espérais bien que le Roy establirait cette coste : à quoy on n'aurait pas eu beaucoup de peine, ne trouvant personne pour s'y opposer. Cet establissement aurait causé une perte considérable, qui est de dix sept millions de trafic par an qu'y font les Anglais de la vieille Angleterre, à leur rapport.

* *

Voilà à peu près, monseigneur, la bénédiction que Dieu a bien voulu donner aux armes de nostre bon Roy, en cette partie de l'Amérique, sous la conduite du sieur D'Iberville, dans le voyage que j'ay fait avec luy depuis le mois de juin mil six cent quatre vingt seize jusqu'au mois de juin mil six cent quatre vingt dix sept. Craignons Dieu; il (1) nous benira.

Un de mes sauvages vient de mourir de maladie. Dieu lui fasse paix! C'était un fort bon chrestien, qui vivait fort bien.

Deux nouveaux incidents ne raccommoderont pas MM. de Brouillan et D'Iberville. Le sieur de Brouillan, qui apparemment croyait qu'on ne luy disait pas vray, a envoyé un ordre au sieur de Montigny, à l'insçu du sieur D'Iberville, qu'il eût à partir incessamment de la baye de Cromoüel, d'où j'arrive, et d'où doivent partir tous les autres au premier jour de beau temps, estant plus embarrassés que je ne l'estais, n'ayant pas mesme de voiture. Nous avons rencontré en venant une quaiche que M. D'Iberville leur envoyait pour les faire tous revenir. Le sieur de Montigny a trouvé cet ordre en chemin, estant desjà party avec tout le monde.

Il a aussy mis et tenu en prison des gens de l'escadre du sieur D'Iberville près de huit jours, sans luy en parler. Cela a buté tous ces messieurs de la marine contre luy, qui disent que M. le comte de Frontenac ne l'a jamais fait en Canada. Par bonheur, ils ne seront pas longtemps ensemble. Ils voudraient estre dehors, et moy à l'Acadie, suivant l'ordre que Votre Grandeur m'en donne (2), n'ayant plus rien à faire icy. Adieu.

(1) « Et Dieu. » (Martin).

(2) « M'en a donné. » (Martin). — D'après notre texte, M. Beaudoin recevait par les navires qui venaient d'arriver de France l'ordre de retourner à ses missions de l'Acadie, probablement parce que le soin d'accompagner M. D'Iberville dans son expédition à la baie d'Hudson avait été confié à M. Fitz Maurice.

* *

Voici, en abrégé, toutes les habitations anglaises de l'isle de Terreneuve, tant celles que M. de Brouillan a prises avec les Malouins et avec le sieur D'Iberville, que celles que le sieur D'Iberville a prises luy seul avec ses Canadiens; avec le nombre des habitants de chaque place, les chalouppes qu'ils y ont, et le poisson qu'ils y prennent chaque année.

Celles que le sieur de Brouillan a prises avec les Malouins :

	hommes	habitants	chalouppes	morues
Rognouze........	120	7	8	4000
Fremouse........	40	7	8	4000
Aigueforte	25	4	5	2500
Forillon	108	12	16	8000
Caplan baye......	12	2	2	1000
Cap reüil	5	1	1	500
Brigue...........	15	3	3	1500
Tothcove	30	3	5	2500
Ouit lis baye.....	15	2	3	1500
Baye-Boulle	120	13	20	10000
	370	54	71	35500

Celles que MM. de Brouillan et D'Iberville ont prises ensemble :

	hommes	habitants	chalouppes	morues
Le petit havre....	80	14	16	8000
Saint-Jean	300	59	125	62500
Quirividi........	40	9	9	4500
	420	82	150	75000

Celles que le sieur D'Iberville a prises seul dans la Baie de la Conception et de la Trinité :

	hommes	habitants	chalouppes	morues
Torbaye..........	18	3	4	2400

En la baye de la Conception :

	hommes	habitants	chalouppes	morues
Portugal-Cove	25	3	3	2100
au nord-ouest de la baye				
Havre vieu.......	12	1	2	1000
Baye Quinscove...	11	2	2	1000
Brige...........	70	11	12	6000
Port Grave.......	116	14	20	10000
Haylinscove......	18	3	3	1500
Baye robert	10	3	3	1500
Brianscove.......	30	4	6	3000
Havre-de-Grâce...	100	14	15	7500
Mousquit	35	3	5	2500
Carbonnière......	220	22	50	25000
Croquescove......	30	4	5	2500
Kelinscove.......	22	3	4	2000
Fraische oüatre...	20	2	4	2000
(Fresh water)				
Baye Ver........	85	14	16	10000
	822	106	154	81000

Dans la baye de la Trinité du costé du sud :

	hommes	habitants	chalouppes	morues
Le vieux Perlican.	130	19	27	13500
Lance arbre......	30	4	5	3000
Celicove.........	40	4	7	4300
New Perlican.....	60	9	11	6600
Havre-Content....	20	4	4	2400

Du costé du nord :

	hommes	habitants	chalouppes	morues
Arcisse..........	12	1	2	1000
La Trinité.......	24	2	4	2000
	316	43	60	32800

LETTRES DE D'IBERVILLE ([1]) A M. DE PONTCHARTRAIN

I

Plaisance, le 24 septembre 1696.

Monseigneur, je me sers de la première occasion pour vous rendre compte de mon voyage. Nous nous ·sommes rendus, le *Profond*, moi et le *Vesp*, à la Baie des Espagnols le 27 juin. Le *Vesp* est parti aussitôt pour aller à Québec (2).

(1) M. Tremblay, du Séminaire de Québec, parle de D'Iberville dans une des lettres qu'il adressait de Paris à Msr de Laval. Il s'agit de la dernière expédition de notre héros canadien, que nous avons mentionnée dans notre introduction. Nous ne pouvons résister au plaisir de citer ici ce court passage :

« ... M. le Maire est parti le 19 janvier avec l'escadre de M. D'Iberville, qui a six ou sept vaisseaux armés avec lui. C'est une entreprise de 800,000 livres, pour laquelle il est, dit-on, pour un quart. Il faut qu'il soit bien sûr de son fait. Nous avons appris que son dessein était de piller les îles anglaises. Il a trouvé en arrivant à la Martinique que M. de Cabanse avait déjà pillé Saint-Christophe. Ils se sont joints ensemble, et ont pillé l'île de Nièvres le jour de Pàques. J'ai reçu de M. le Maire une lettre de la rade de Nièvres qui me mande tout ce pillage.

« M. le Maire croyait que M. de Sérigny irait avec lui à la Louisiane. Il me mande que le dessein est changé, et que c'est un autre capitaine. Sans doute que M. D'Iberville a besoin de son frère pour quelque autre entreprise ; mais enfin nous n'avons aucune nouvelle de l'arrivée de M. le Maire à la Louisiane, ni d'aucun de nos messieurs qui y sont... » (Archives du Séminaire de Québec, Lettre de M. Tremblay à Msr de Laval, Paris, 18 juin 1706).

(2) Comment se fait-il que l'abbé Desmazures ait pu écrire : « Vers le commencement de l'année 1696, M. D'Iberville revint au Canada avec M. de Bonaventure : ils avaient deux vaisseaux... M. D'Iberville et M. de Bonaventure, commissionnés par M. de Frontenac, arrivèrent à la Baie des Espagnols le 26 juin 1696. Là, ils trouvèrent M. Beaudouin, missionnaire arrivé récemment de France...? »

Non : D'Iberville arriva directement de France à la baie des Espagnols le 26 ou le 27 juin, avec trois vaisseaux, et non pas deux seulement ; il tenait sa commission de la cour ; l'abbé Beaudouin était avec lui : « Journal du voyage que j'ay fait avec M. D'Iberville... de France en l'Acadie... »

L'auteur des *Sulpiciens en Acadie* fait évidemment erreur, également, lorsqu'il écrit (p. 187) : « D'Iberville était parti de Rochefort au printemps de 1696, avec deux vaisseaux, le *Profond* et l'*Envieux*. Il se rendit d'abord à Québec, où il recruta quatre-vingts hommes... »

D'Iberville ne monta certainement pas à Québec. Il arriva à la baie des

Trois Sauvages vinrent à bord, qui attendaient ici les navires depuis un mois. Ils nous apprirent que vingt-cinq de leurs hommes étaient à Saint-Pierre, où était un des habitants de Beau-bassin, avec sa barque, et qui a des lettres de M. de Villebon. Je fis partir ces sauvages aussitôt pour l'aller quérir. Pendant ce temps, nous nous fîmes de l'eau et du bois.

Le 1ᵉʳ juillet, Germain Bourgeois, qui était cet habitant, arriva en canot avec tous ces sauvages et la barque. Il nous donna une lettre de M. de Villebon, écrite du 12 mai, par laquelle il nous donnait avis que les Bostonnais avaient dessein d'enlever le navire qui a accoutumé de lui porter secours, et ont pour cela le navire qui se battit contre M. de Bonaventure l'année dernière, et une frégate de vingt-quatre canons.

Le 4 juillet, nous sommes sortis du Havre-à-l'Espagnolle pour continuer notre route, ayant embarqué avec nous vingt-quatre sauvages qui ont voulu venir à la prise du fort Pemquid.

Le 14, sur les huit heures du matin, de brume à ne pas voir de terre, nous mouillâmes l'ancre tous deux, à trente brasses d'eau à une demi-lieue au sud-est de la Pointe-au-Lapin, distante de la rivière Saint-Jean de cinq lieues.

Sur les deux heures après-midi, la brume s'étant dissipée, nous avons aperçu deux navires et un brigantin à une lieue et demie au vent de nous, allant à la rivière Saint-Jean, qui vinrent à nous. Aussitôt nous nous mîmes sur les voiles, allant à eux à petite voile, le *Profond* avec le pavillon anglais, comme s'il eût été une prise, sa batterie de bas fermée, pour les attirer le plus près de nous que nous pourrions. Ils arrivèrent sur nous, jusqu'à ce qu'ayant connu que le *Profond* était navire de guerre, ils nous prêtèrent le costé à une grande portée de canon.

Le grand se trouva à mon travers, qui n'avait que trente-six

Espagnols le 27 juin et partit le 4 juillet, comme nous allons voir, pour aller prendre le fort Pemquid. Mais il envoya à Québec un de ses trois vaisseaux, le *Vesp*, pour chercher les Canadiens que l'on devait y avoir recrutés pour lui, non pas pour l'attaque de Pemquid, mais pour l'expédition de Terreneuve. Charlevoix le dit, d'ailleurs, bien clairement :

« Le 25 août, le *Vesp* arriva à Québec avec un commandement exprès du roi, d'y embarquer des troupes et des Canadiens sous la conduite de M. de Muys... Le *Vesp* devait porter ce renfort droit à Plaisance, et y attendre M. D'Iberville, lequel ne devait s'y rendre qu'après avoir enlevé aux Anglais le fort de Pemquid... »

canons, qui força de voile à ma troisième volée et me dépassa tenant le vent. Le petit, de vingt-quatre canons, se trouva dans le moment à mon travers, après avoir essuyé la volée du *Profond*. Je lui en envoyai deux; la troisième le démâta de son grand mât d'hune. Cela l'obligea d'arriver vent arrière avec toutes ses voiles devant, pour se sauver dans la Baie Française : ce que je l'empêchai de faire, arrivant un peu sur le large en le croisant et le canonnant, étant prêt à l'aborder. Il amena, et mit en panne.

Je continuai à chasser le gros, et laissai celui-là au *Profond* à l'amariner, qui n'allait pas si bien que moi ce jour-là. Je joignis le gros à la portée du canon, sur les cinq heures et demie du soir. Nous nous canonnâmes deux heures, ce que je fis de loin, pour tâcher de le démâter et de le désemparer devant la nuit, qui vint si obscure, et la brume si forte, qu'il me fut impossible de le garder.

Je fis jusqu'à minuit la manœuvre que je croyais qu'il fallait faire, afin de voir si je ne pourrais point entendre les signaux qu'il ferait à son brigantin, n'osant pas dans la brume m'engager entre les îles. Je fis la route pour joindre le *Profond*, que je ne pus joindre, dans la brume, au bruit du canon, et m'en allai mouiller à la rivière Saint-Jean.

Le 15, sur les neuf heures du matin, la brume se hausse un peu. J'aperçus la prise, mouillée proche de l'île aux Perdrix, qui appareillait pour entrer dans la rivière Saint-Jean. Je lui tirai deux coups de canon, avec pavillon en berne, pour qu'elle m'envoyât mon canot, que je lui avais envoyé le jour d'auparavant avec trois hommes. Afin d'aller plus vite, j'avais envoyé ma chaloupe avec trois hommes, devant le combat, par la barque de Germain Bourgeois, qui était venu avec nous du Cap-Breton.

A dix heures du matin, j'aperçus à l'éclaircie le *Profond*, à trois lieues au ouest-sud-ouest, qui revenait vent arrière. La marée étant bonne, j'entrai dans la rivière Saint-Jean, avec la prise, à laquelle je fus obligé d'envoyer vingt hommes pour pomper le bâtiment, ayant échoué sur une roche, d'où j'envoyai le retirer, et l'entrer dans la rivière, où je la fis échouer. Aussitôt M. de Villebon vint à bord, auquel je donnai, monseigneur, les paquets dont vous m'aviez fait l'honneur de me charger.

Le 16, le *Profond* vint mouiller dans la rade de la rivière contre moi. Nous nous disposâmes à décharger ce que nous avions dans nos vaisseaux, et M. de Villebon envoya un canot à Québec pour y porter les paquets dont j'étais chargé. J'ai écrit par ce canot au P. Simon, missionnaire, d'envoyer avertir M. de Thury, missionnaire, auquel j'écrivis de faire assembler tous les sauvages à Pentagouët, où nous allions nous rendre.

Nous envoyâmes de nos matelots au haut de la rivière, quérir les barques pour décharger nos vaisseaux, le faisant, en attendant, avec nos chaloupes, portant toutes choses au haut du saut, où M. de Villebon souhaita que l'on les mît. Il n'avait pas compté que l'on lui enverrait cette année de quoi rétablir le fort. Il n'avait qu'une partie des madriers de faits, à vingt-cinq lieues de là; et au Port-Royal deux cent-vingt, dont les Anglais en avaient fait brûler cent. C'est pourquoi le secours que nous lui aurions pu donner pour le rétablissement de ce fort a été inutile.

Le 18, j'ai été obligé de faire tout-à-fait décharger tout ce qui était dans le *New-Port* (la prise), pour l'échouer et le raccommoder, étant à deux pompes, et s'étant emporté vingt pieds de long de bordage de chaque bord, au deuxième bordage du rebord, qu'il a fallu changer. Cette frégate est à un pont, sur lequel il y a vingt pièces de canon de six livres, et quatre sur sa chambre de trois livres de balles. Elle est toute neuve de l'année dernière. Il y avait soixante dix-huit hommes dessus, avec des vivres pour quinze jours.

Le 20, j'ai fait décharger les huit pièces de canon que j'avais pour le fort, et les ai fait jeter à l'eau à marée haute, vis-à-vis du fort, du côté du portage, où M. de Villebon a souhaité que nous les mîssions, et marquai le lieu.

Le 22, une chaloupe des Mines est arrivée, qui nous a appris qu'une barque de quarante tonneaux de castors était partie des Mines le 18, chargée de vivres, et allait au Port-Royal pour achever de se charger.

Le 23, en attendant que le *Profond* fût déchargé, qui ne pouvait l'être sitôt, je fis équiper une chaloupe de seize tonneaux, où le sieur Duguay se mit avec trente hommes, pour aller prendre ce bâtiment. Je lui donnai ordre d'emmener le nommé Dubreuil, habitant de Port-Royal, que M. de Villebon a souhaité que j'aie fait prendre, lui ayant désobéi.

Le 24, j'ai fait travailler mon équipage à aider au *Profond*, qui est obligé de se désarimer d'un bout à l'autre.

Le 29, au matin, le sieur Duguay est de retour de Port-Royal, d'où le bostonnais était parti le 22, n'y ayant rien chargé. Il a amené Dubreuil et son bâtiment qui revenait des Mines, où les sauvages l'avaient pillé par ordre de M. de Villebon, auquel je l'ai remis, et le bâtiment, qui est de quarante tonneaux, qui est aux Anglais de Boston; et l'équipage était bostonnais, au nombre de trois hommes.

Le 30, nous avons été prêts à partir; les vents étaient au sud, et brume, ce qui faisait tous les jours.

Le 31, le vent était au sud-sud-ouest; nous ne pouvions sortir.

Le 2 août, le vent au ouest-sud-ouest, et calme, nous avons sorti en drohsant et thasant nos navires.

J'oubliais, monseigneur, de vous dire que voyant tous les effets que nous avions portés à M. de Villebon chargés dans quatre bâtiments partis pour aller au fort d'en haut (Naxouat), et n'étant pas dans le dessein de faire travailler au rétablissement du fort sitôt, j'avais embarqué M. de Vilieu et vingt hommes de sa compagnie.

Le 7 du mois, nous nous sommes rendus à Pentagouët, l'*Envieux*, le *Profond*, et le *New-Port*, commandé par M. de Lozon, avec vingt-quatre hommes d'équipage. M. de Thury, missionnaire de cette rivière, est venu à bord, qui m'a dit avoir quatre vingt-dix sauvages de sa mission et soixante-dix de celle de Canibiguy.

Le 8, plusieurs sauvages de Pesmocoüady et de la rivière Saint-Jean y arrivèrent, ce qui faisait en tout 247 hommes.

Le 10, je les festinai, et les présents leur furent distribués en la présence des missionnaires.

Le 11, il arriva douze sauvages de guerre, venant de la rivière de Pascadouet, d'où ils ont amené un homme et deux filles, et y ont tué quatre hommes.

Le 12, la brume nous empêche de partir.

Le 13, nous partîmes, tous les sauvages en canot, avec M. de Saint-Castin à leur tête, et MM. de Vilieux et Montigny, avec seize de leurs soldats, pour s'aller emparer des postes par où les Anglais pourraient se sauver et donner avis à Boston.

Le 14, à huit heures du matin, j'envoyai la chaloupe de M. des Chauffours à terre au portage, dans laquelle j'avais chargé mes mortiers et bombes et deux pièces de canon et autres ustensiles nécessaires pour l'attaque du fort. Je la fis escorter jusque dans le havre par le *New-Port*, qui nous vint joindre dans la rade de Pemquid, où nous étions mouillés sur les trois heures après-midi. J'envoyai aussitôt sommer le gouverneur du fort de me rendre sa place, à quoi il répondit en brave homme : ce qu'il ne soutint pas par la suite.

Le 15, à trois heures du matin, je fus à terre joindre M. de Vilieux et tous nos sauvages qui avaient accommodé le chemin le jour d'auparavant, qui a deux tiers de lieue de long, pour charoyer les canons et mortiers. Je fis travailler aussitôt à deux batteries de mortiers et canons, ce qui fut fait à deux heures après-midi. Je leur tirai quatre bombes, sans les jeter dedans le fort; après quoi je les sommai de nouveau, les menaçant de ne leur plus donner de quartier, s'ils m'obligeaient de faire brèche; que je ne serais pas maître des sauvages dans ce temps-là; qu'ils pouvaient envoyer visiter mes forces, qui étaient plus que suffisantes pour les prendre : ce qu'ils firent : après quoi ils me rendirent le fort, à condition que je les enverrais à Boston, et que je leur conserverais leurs hardes. J'envoyai M. de Vilieux prendre possession du fort avec vingt soldats, et envoyai les Anglais à bord, n'osant les laisser exposés aux sauvages, qui sont véritablement animés contre eux.

Il y avait dans ce fort 92 bons hommes, cinq femmes, quatre enfants. Le fort était carré, ayant trois bastions, et une tour, du costé de la mer, de vingt-huit pieds dedans en dedans, de bonne maçonnerie de quatre à cinq pieds d'épaisseur, quinze canons de huit et vingt-quatre livres de balles, muni de toutes autres choses nécessaires pour la défense d'un fort, les poudres sous une roche voultée où la bombe ne pouvait rien faire. L'inventaire en a été fait, que j'aurai l'honneur, monseigneur, de vous envoyer par l'*Envieux*.

Le 17, je fis travailler à la démolition du fort, après avoir fait distribuer aux sauvages les vieilles hardes qui s'y trouvaient, les fusils de service, poudre et plomb comme je leur avais promis, me l'ayant demandé avant la prise du fort, me faisant connaître que plusieurs de leurs gens étaient mal armés. Je crois, monseigneur, que vous voudrez bien approuver ce que j'ai fait, et cela étant pour le service du roi.

Je fis partir le même jour la chaloupe de M. des Chauffours pour aller à Boston y mener le gouverneur et quarante-huit de ses gens des plus méchants, et de ceux du vaisseau les malades et le capitaine, pour aller solliciter l'échange de ces gens avec les flibustiers de Guyon et les autres Français, gardant le lieutenant et l'enseigne, et 136 hommes, qui me consommaient beaucoup de vivres.

Le 19, le fort étant entièrement démoli à ras des fondements, j'en fis dresser le procès-verbal, et le 20 au matin nous appareillâmes tous, emmenant les Anglais, pour aller aux Monts-Déserts, laissant M. de Montigny avec deux hommes pour attendre l'arrivée du bâtiment de Boston et leur dire où nous étions.

Le 21, M. Duthar est mort d'une pleurésie qu'il gagna à la prise du fort. C'était un très habile garçon et de mérite.

Le 22, nous nous rendîmes au mouillage des Monts-Déserts sur les deux heures après-midi. Nous débarquâmes tous les Anglais sur une île.

Le 23, le vent à l'est-nord-est contraire, j'assemblai les officiers sur ce que je ferais au premier bon vent pour aller à Plaisance y joindre M. de Brouillan, laissant 136 Anglais à M. de Vilieux avec vingt soldats pour faire l'échange. Tous les officiers furent d'avis qu'il était plus à propos d'attendre deux ou trois jours des nouvelles de Boston, que de s'en aller et laisser à M. de Vilieux tout ce nombre d'hommes sans vivres, et sans bâtiment pour s'en aller à la rivière Saint-Jean, et renvoyer ces Anglais à Boston ; que le bâtiment que j'y avais envoyé pouvait s'être perdu d'un coup de vent du sud-ouest qu'il fit le lendemain de son départ ; qu'en ce cas le sieur de Vilieux serait fort embarrassé ; qu'il y avait de l'apparence que M. de Brouillan serait parti pour son expédition à la fin d'août. Cela fit que l'on jugea qu'il était plus à propos d'attendre quelques jours : pendant ce temps, envoyer du monde accommoder une quaiche, qui était à six lieues de là, que Guyon y avait cachée, pour la laisser au sieur de Vilieux. J'envoie six hommes quérir cette quaiche.

Le 24, le vent au nord-est, et calme, et brume. Nous mîmes tous nos malades à terre, pour leur faire changer d'air, le *Profond* en ayant beaucoup.

Les 26 et 27, les vents variables au nord-est et sud, calme et brume. La quaiche que j'avais envoyé quérir arriva le 28. Je fis travailler à la mettre en état.

Le 30, M. de Montigny arriva du fort de Pemquid, qui n'a vu

aucun Bostonnais. Le sentiment de tout le monde était que celui que j'avais envoyé à Boston s'était perdu.

Le 31, les voiles de la quaiche ont été faites et achevées de calfeutrer. Nous nous sommes déterminés à donner aux Anglais la quaiche, et les renvoyer avec six jours de vivres, et en garder seize des principaux habitants de Boston, qui ont bien voulu rester en otage pour les autres, et être mis entre les mains des sauvages, si on ne renvoie pas les Francais incessamment.

Le 1ᵉʳ de septembre, je vis M. de Vilieux à terre avec ses soldats et pour un mois de vivres et les seize Anglais.

Le 3 au matin, le temps propre pour sortir, j'envoyai 120 Anglais dans la quaiche, avec des vivres pour six jours. Il n'en restait à bord que pour un mois, le *Profond* n'en ayant que pour quinze jours. J'ai été obligé de lui donner du pain. Tous ces extraordinaires nous ont consommé trois semaines à chacun de vivres.

Il fit calme tout le matin: nous ne pûmes sortir que sur les deux heures après-midi, que le vent vint au sud-ouest.

A deux lieues du havre, nous découvrions quatre navires anglais et quatre autres bâtiments à huniers, à quatre lieues au vent de nous, qui venaient pour entrer dans le havre dont nous sortions, qui avaient joint la quaiche. Nous continuâmes notre route du Cap de Sable, et eux après nous jusqu'à neuf heures du soir, que nous avons changé notre route et refait celle du havre dont nous étions sortis, louvoyant toute la nuit le long des isles pour leur gagner le vent.

Le 4 au matin, nous ne les vîmes plus. Nous continuâmes notre route pour passer à douze lieues du Cap de Sable.

Le 5, sur les huit heures du soir, le *New-Port* a pris une quaiche pêcheuse, où il y avait cinq hommes.

Le 6, à midi, à vingt lieues au ouest-sud-ouest du Cap de Sable, le *Profond* prit une quaiche anglaise pêcheuse, et le *New-Port* une autre. J'ai redonné celle du *Profond* aux Anglais à rançon pour les renvoyer, seize hommes pour 1800 livres, dont je garde le Maître. J'en ai fait brûler une qui ne valait rien, et j'ai amariné l'autre pour la donner aux sauvages du Cap-Breton pour les ramener chez eux.

Le 8, au matin, le vent fort au sud-ouest, et la mer grosse. La quaiche saucissant à la remorque, j'en fis retirer les matelots, et l'ai fait couler à fond.

Le 9, sur le soir, étant à dix lieues au large du Cap-Breton, le vent au nord-nord-ouest, j'envoyai le *New-Port*, où s'étaient embarqués les vingt-quatre sauvages du Cap-Breton, pour les mettre à terre.

Le 12 à midi, nous sommes entrés dans la rade de Plaisance, où nous avons su que M. de Brouillan était parti le 9 pour aller à l'entreprise de Saint-Jean. Nous mouillâmes sur le champ en rade, et fûmes à terre voir si M. de Costebelle pourrait donner un mois de vivres au *Profond* pour appareiller sur le champ et aller joindre M. de Brouillan. Il nous dit qu'il était absolument dans l'impossibilité de le faire, n'ayant pas de vivres pour la garnison, et que tous les habitants en manquaient ; que le parti n'en avait apporté que très peu.

J'ai reçu des lettres de Canada par le brigantin du Roi, qui en était arrivé depuis peu, où on me marquait que tout le supplément des vivres pour nos deux vaisseaux l'*Envieux* et le *Profond* étaient tous chargés et prêts à partir de Québec le 15 de juillet, mais qu'on ne lui a pas voulu permettre de partir sans avoir un ordre de M. le comte de Frontenac, qui ne sera de retour qu'à la fin d'août. Ne voyant pas pouvoir sortir pour aller joindre M. de Brouillan, nous levâmes l'ancre de la rade, et entrâmes sur le soir dans le havre...

Le *Postillon* se rendit à Québec le 8 juillet, et le *Vesp* le 15. La *Bouffonne* a croisé tout l'été à l'entrée de la rivière de Québec, où deux flibustiers de Rhode-Island de 90 à 120 hommes et de huit et douze canons y ont été, auxquels elle a donné chasse plusieurs fois, qui sont revenus sur cette coste et sur le banc, où ils ont pris plusieurs bâtiments.

Le brigantin arriva ici de Québec le 5 septembre, n'a pas eu de connaissance de la flotte de Canada, que l'on a vu louvoyer le 20 août à la vue des îles Saint-Pierre. J'ai su que mon frère de Sérigny est parti d'ici pour la Baie d'Hudson le 8 juillet. Je l'attends ici de vers le 8 octobre.

Le 16 de ce mois, ne voyant pas venir le *Vesp* ni le *Postillon*, que j'ai toujours attendus pour sortir avec ces quatre navires, compris le *New-Port*, que j'aurais armé, ayant des matelots des prises que les ennemis ont faites, qu'ils ont renvoyés, pour aller aider à M. de Brouillan, ou faire quelques autres prises séparées dans d'autres ports, je suis parti avec huit Canadiens et sauvages que j'ai, en canot, pour aller découvrir toute cette baie de Plaisance et les lieux les plus commodes pour aller aux terres des ennemis au nord d'ici. Il y a un havre d'où se font quatre lieues au travers des terres, qui sont fort belles. On tombe dans la baie de la Conception, à quatre lieues de Perlican, où est une habitation anglaise, où sont plusieurs habitants, où je n'ai voulu rien entreprendre que je n'aie tout mon monde pour les pousser sans relâche, de crainte qu'ayant connaissance de moi ils ne se fortifient et se rassemblent.

A dix lieues d'ici au nord-ouest, il y a deux autres détroits d'une baie à l'autre, où il n'y a que deux tiers de lieues, beau chemin, et l'autre deux lieues où des charrettes peuvent passer, en accommodant les chemins.

Le 23, je m'en suis revenu ici, où j'ai trouvé plusieurs bâtiments prêts à partir. N'ayant plus de vivres que pour un mois au plus, et n'étant pas en état d'en trouver dans ce lieu-ci, nous avons cru, M. de Costebelle et moi, les devoir laisser partir sous le convoi d'un navire de Bayonne de quarante canons, n'en ayant que trente pièces de montées, par lequel j'ai l'honneur de vous écrire.

Un bâtiment a paru sur le midi à quatre lieues au large de ce havre, tirant des coups de canon pour demander du secours, le vent lui étant contraire pour venir. Je lui ai envoyé deux chaloupes, dont une est de retour sur le soir, qui m'apprend que c'est une flûte que M. Regnault a prise aux îles de l'Amérique, qu'il a quittées il y a un mois, et qui coule bas d'eau, ayant échoué je ne sais pas où, qui n'a qu'un cable et une ancre, peu de voiles, et du monde malade. Je lui ai envoyé aussitôt une chaloupe porter une ancre et du monde de renfort pour l'entrer ici, où je tâcherai de la mettre en état de continuer son voyage et se rendre où elle a ordre d'aller. Je compte M. Regnault en France à présent avec son escadre.

Nous n'avons aucune nouvelle de M. de Brouillan. Il a eu d'assez gros vents depuis son départ. Ce n'est pas ce qu'il faut pour des entreprises semblables, où le beau temps ne l'est jamais trop.

J'attends avec impatience tous les hommes qui me doivent joindre, pour commencer sur les ennemis de cette île ce que Sa

Majesté m'a permis de faire. En attendant, je fais découvrir tous les chemins d'ici aux habitations anglaises; et je vais partir dans deux jours pour y aller moi-même, afin de ne rien négliger pour vous faire connaître avec quel zèle je me porte au bien du service, et mériter par là l'honneur de votre protection, et la grâce de me dire avec un très profond respect, monseigneur, votre très humble et très obéissant serviteur,

D'Iberville.

P. S. — Le 24 du mois au matin, la flûte que M. Regnault a prise vient d'entrer dans ce port. Elle est de 200 tonneaux environ, et chargée de bois de campêche et de cuir de bœuf, sans bonnes voiles, toutes usées et déchirées, sans manœuvres, sans ancres, ayant toujours deux à trois pieds d'eau dedans, et vieux bâtiment...

II

Plaisance, 26 octobre 1696.

Monseigneur, j'ai eu l'honneur de vous rendre compte de mon voyage de France à l'Acadie et de l'Acadie ici par le navire la *Notre-Dame de Bordagain* de Bayonne. Il ne me reste donc plus qu'à vous faire savoir ce qui s'est passé depuis le 24 septembre au 2 octobre.

Un flibot venant de Québec est arrivé ici sur le soir, qui m'a appris qu'il était parti avec le *Postillon* sous le convoi du *Vesp* le 16 septembre, duquel il s'était séparé le 1er octobre par le mauvais temps près les îles Saint-Pierre.

Le 3, le *Postillon* est arrivé sur les trois heures du soir, chargé du supplément des vivres que le sieur Gitton, marchand de La Rochelle, s'était engagé de fournir. Nous les avons chargés dans nos vaisseaux avec toute la diligence possible, par l'empressement que j'avais d'aller joindre M. de Brouillan par mer. Cependant, monseigneur, le navire le *Vesp* ne paraissait point. Il y a peu d'apparence que cette jonction eût été utile, ne menant pas avec moi un renfort suffisant pour attaquer Saint-Jean. Les Canadiens que j'avais mandés pour cette expédition me manquant, et ne pouvant mettre à terre que cent hommes, ce secours, dis-je, n'eût pas suffi pour attaquer avec succès des hommes qui avaient eu quinze ou vingt jours à se préparer.

Aussi M. de Brouillan n'a-t-il pas jugé à propos de le faire, et s'est contenté de passer un jour entier à l'entrée du havre, à la portée d'un canon de quatre livres, d'un vent venant de terre, quoiqu'il crût avoir surpris les ennemis. Les choses étant ainsi, il eût été aisé de faire descente à un quart de lieue de l'entrée, et prenant à revers toutes leurs batteries, s'emparer des hauteurs qui les commandent, et garder l'entrée du havre. Il me paraît, monseigneur, par les journaux que j'ai vus de ce voyage, que s'ils n'eussent pas connu un bord de trois lieues au large, où ils trouvèrent les courants venant du nord qui les mirent avant le vent, ils ne se fussent pas trompés aussi grossièrement qu'ils firent, prenant le petit havre pour celui de Saint-Jean.

Ils se fussent, ce me semble, pu épargner ces chagrins, s'ils eussent pris le parti de louvoyer toute la nuit tout à terre, et eussent allumé un feu proche du havre qui leur eût été une marque infaillible du lieu de leur descente. Cette manque de manœuvre fut si considérable, qu'elle les obligea de louvoyer pour regagner l'entrée du havre, où ils se rendirent à dix heures, puis y louvoyèrent plusieurs jours, sans autre dessein que d'en garder l'entrée, en attendant le bon vent; et enfin n'ayant plus de vivres, ils se résolurent d'aller à Bayeboulle, et ne plus songer à Saint-Jean.

La manière indifférente avec laquelle M. de Brouillan m'a traité dans le commencement, m'a fait connaître qu'il voyait avec peine les desseins que je formai sur Terre-Neuve, ne parlant en aucune manière de moi dans les lettres qu'il écrivait à son Lieutenant du Roi, à qui il donnait ordre exprès de lui envoyer les Canadiens qui me devaient venir par le *Vesp.* J'ignorais encore ce qui pouvait causer son froid à mon égard. Mais la première visite que je lui rendis à bord, lorsqu'il arriva, m'en éclaircit. Il s'était persuadé que je n'avais pas voulu aller le joindre pour éviter d'être sous ses ordres.

La conduite que je tiens avec lui et le plaisir que je me suis fait, dès France, de lui communiquer mes desseins, suffiraient pour me justifier d'une délicatesse que je n'ai jamais eue, l'ayant même associé dans mon entreprise. Si je n'appréhendais pas qu'il ne vous en eût écrit, je n'entrerais pas dans le détail de ma conduite à ce sujet.

Je vous dirai, monseigneur, que j'arrivai à Plaisance le 12 septembre, et qu'une chaloupe de la part de M. de Costebelle, lieutenant de roi, m'ayant apporté un billet d'avis sur le départ de M. de Brouillan, je mouillai dans la rade, et ayant mis à terre, je pressai le dit sieur de Costebelle de me donner les vivres nécessaires pour sortir et aller joindre M. de Brouillan. Je fus véritablement mortifié quand il me fit voir l'impossibilité dans laquelle il était de me fournir ce qui m'était nécessaire, ce que vous verrez par son refus ci-joint. Il n'aurait donc pas été prudent, monseigneur, de m'engager dans un voyage de cette conséquence avec le peu de vivres qui me restait, ayant été obligé de faire délivrer 1100 livres de biscuit au *Profond*. Ce seul endroit m'obligea donc d'entrer dans le havre. Vous trouverez encore ici, monseigneur, un procès-verbal signé des officiers des vaisseaux.

Le *Vesp* ayant été retenu fort longtemps, par l'absence de M. le comte de Frontenac, qui était allé faire la guerre aux ennemis, on n'a pu sans sa permission engager des Canadiens, ni charger aucuns vivres, et ça été un obstacle très grand aux diligences qu'aurait pu faire M. D'Auteuil dans un autre temps où il aurait été chargé de l'expédition du *Vesp* et de la levée des Canadiens. Je n'ai pas lieu de me plaindre de ses soins; et il me paraît par la requête du 3 août qu'il a présentée au lieutenant de roi de Québec, à ce qu'il lui fût permis de charger les vivres et lever les Canadiens, qu'il n'a pu faire plus de diligence, n'ayant pu, malgré ses sollicitations, obtenir la permission de rien embarquer que le 6 septembre, comme vous verrez par l'ordre de M. l'Intendant, que je joins ici. L'emprunt que le sieur D'Auteuil avait fait de vivres dans les maisons religieuses, et qu'il s'obligeait de rendre le 1er septembre, était une mesure très juste pour presser cette expédition, si M. de Frontenac se fût trouvé dans le pays.

Il n'a pas été difficile de trouver le nombre de Canadiens que la cour m'a accordés, plus de 300 étant venus s'offrir pour me venir joindre. Cependant mon dit sieur de Frontenac a jugé à propos de mêler dans les 80 Canadiens 50 soldats qui se sont engagés sur le même pied, ayant reçu les mêmes avances. M. de Frontenac a encore cru devoir mettre à leur tête M. de Muy, capitaine d'une des compagnies franches entretenues en

Canada, avec ordre de remettre ce détachement entre les mains de M. de Brouillan ; ce qui a fait, monseigneur, que je n'ai pu me servir de ces hommes qu'après son retour : et je vous avoue que je fus extrêmement surpris du refus qu'il fit de me les remettre ensuite, d'autant plus qu'il ne doutait pas qu'ils ne fussent pour moi, tant par la dépense que j'avais faite pour leur levée, que pour les vivres que je leur fournissais tous les jours. L'appréhension que j'avais que toutes ces discussions ne fussent contraires au bien du service me faisait chercher tous les moyens que je pouvais m'imaginer pour les terminer à l'amiable. Dans une seconde conversation, il persista dans ses premiers sentiments, et me fit connaître que les 80 hommes lui ayant été adressés, il était résolu de s'en servir tout le reste de l'hiver, tant pour l'entreprise de Saint-Jean que des autres postes.

Pour le faire revenir, je voulus lui montrer mes Instructions, qu'il ne voulut pas se donner la peine de lire : ce qui l'aurait instruit de ce qui m'était ordonné de faire après le départ des vaisseaux. Je voyais avec douleur qu'étant, sur ce pied, inutile pour les expéditions que je m'étais proposé de faire, il me fallait passer en France. J'appréhendais encore que les Canadiens, qui s'étaient engagés à servir sous mes ordres, et auxquels M. de Frontenac avait fait lire les conventions que j'ai faites avec eux, ne rendissent pas les services dont ils sont capables. Je voyais encore quarante Canadiens peu disposés à rester après mon départ. Toutes ces considérations m'ont fait rechercher, monseigneur, l'accommodement avec le sieur de Brouillan, et nous sommes enfin convenus que nous irions incessamment attaquer Saint-Jean : après quoi il me laisserait la conduite de mes gens pour aller à tous les autres postes du nord.

Il a résolu de faire passer le *Profond* à Forillon pour porter des vivres aux 150 hommes qu'il a laissés à Rognousse pour y ramener tous les débris des forts qu'il a pris. Je me sers de cette occasion du *Profond* pour porter à la côte de l'est pour un mois et demi de vivres à 150 hommes que je conduis par terre pour joindre ceux que M. de Brouillan a laissés sans vivres. Ceux que j'ai fait venir du Canada pour les 80 hommes qui me sont venus ne seraient pas d'un secours peu considérable aux habitants de ce lieu et à la garnison, qui n'ont pas pour deux jours de vivres ; et j'espère que menant mes gens hiverner sur les terres des Anglais, il s'en trouvera suffisamment dans ce lieu, sans quoi il serait très exposé.

Ne voulant rien oublier, monseigneur, dans le narré de ce qui s'est passé à Plaisance depuis mon arrivée, je vous informerai que le 5 octobre le sieur de Plenne que j'avais envoyé à Boston faire l'échange des prisonniers, arriva avec le nommé Guion, flibustier, et vingt-et-un hommes de ses gens, qui se plaignent d'avoir été maltraités dans les prisons de Boston, de sorte que plusieurs ont été obligés de s'engager pour servir dans les vaisseaux marchands pour les îles d'Amérique, dont je vous envoie le rôle.

Quelle que menace que j'aie pu faire au gouverneur de Boston de remettre dix de ses principaux habitants entre les mains des sauvages, s'il ne renvoyait deux de nos Canibas qu'il retient dans ses prisons, je n'ai pu leur procurer leur élargissement. Vous verrez, monseigneur, par la réponse qu'il me fait, combien il en est éloigné. J'espère pourtant qu'il y sera contraint, ayant laissé à nos sauvages de Pentagouët le capitaine de tous les sauvages de Boston que j'ai pris dans le *New-Port*, et un Bostonnais estimé riche de 20 à 30,000 livres, le tout entre les mains du sieur de Saint-Castin. J'ai su par Guion que le même jour que le sieur de Plenne avait été à Boston pour l'échange des prisonniers, le major devait partir avec 150 hommes anglais et 50 sauvages, le tout monté sur quatre brigantins, deux chaloupes et vingt-deux pirogues, ayant dessein sur le fort de Nadchouaë, lesquels changèrent de résolution, sur les assurances que le sieur Paxter, capitaine du *New-Port*, leur donna que j'avais ramassé à Pemquid plus de 500 sauvages, avec lesquels j'avais résolu d'aller à Pescadouet, et que ce nombre bien conduit suffirait pour ruiner les villages qui se trouvaient entre ce fort et Boston.

Ces avis firent changer de route au détachement, qu'ils envoyèrent au secours de Pescadouet, et donnèrent lieu au sieur de Vilieux d'aller à la rivière Saint-Jean avertir des desseins qu'avaient formés les ennemis, aussi bien que le temps de se préparer à les bien recevoir, en ramassant tous les sauvages des environs.

Comme vous voyez, monseigneur, les Anglais ont pris le change, et m'ont cru parti pour l'attaque de Pescadouet, ce qui leur a fait mettre sur mer deux navires de 40 canons et un de 36, avec un autre de 24, pour enlever nos navires, qu'ils croient

dégarnis d'hommes, jugeant que je les aurais emmenés pour aller par les terres. Suivant le rapport du sieur de Plenne, ce détachement était composé de paysans peu propres à la guerre, et violentés pour la faire.

Le gouverneur de Boston m'a aussi envoyé 25 hommes, qui avaient été pris sur le banc de Terre-Neuve...

D'IBERVILLE.

TABLE DES MATIÈRES

www.ingramcontent.com/pod-product-compliance
Ingram Content Group UK Ltd.
Pitfield, Milton Keynes, MK11 3LW, UK
UKHW021431090726
13657UKWH00003B/1023